栽培活動からクッキング保育まで

子どもと楽しむ はじめての栽培

メイト

栽培活動からクッキング保育まで
子どもと楽しむ はじめての栽培
contents

1章 栽培物でクッキング 3

- 絹さやとひじきの白和え …………………… 4
- 半月大根のツナ煮 …………………………… 5
- 枝豆たっぷり肉ワンタン …………………… 6
- つぶしさといものチーズ焼き ……………… 7
- 栽培野菜と豚肉の和風あんかけ …………… 8
- オクラと梅のとろみスープ ………………… 9
- 茎つきかぶのオリーブ焼き ………………… 10
- しいたけとトマトのバッチリコンビ焼き … 11
- 小松菜のくるくるお揚げ巻き ……………… 12
- にんじんと豆腐のポタージュ ……………… 13
- いちごのプルプル甘酒寒天 ………………… 14
- とうもろこしのぴったんこサンド ………… 15
- **栽培活動からクッキングまで** ……………… 16

2章 保育室ではじめる栽培活動 17

- 保育室で育てよう！ スプラウト …………… 18
- 保育室で育てよう！ ベビーリーフ ………… 20
- 環境デザインに栽培を取り入れよう ……… 22
- 保育室で野菜の切れ端を育ててみよう …… 24
- いもを途中まで水耕栽培してみよう ……… 26
- トマトの脇芽を育ててみよう ……………… 28
- キャベツ、白菜の花芽を食べてみよう！ … 30
- 野菜の色を楽しもう！ ……………………… 32
- 絹さやをグリーンピースにしてみよう …… 34

3章 栽培の準備をしよう！ 35

- いつ・どこに植えたらいいか ……………… 36
- プランターの場合の土づくり・メンテナンス … 38
- 畑の土づくりの基本 ………………………… 40
- プランター大小を使いまわすプラン ……… 42
- 肥料の使い方 ………………………………… 44
- 野菜作りに必要な道具 ……………………… 46

4章 栽培方法20種 47

- じゃがいも …… 48
- さといも …… 50
- さつまいも …… 52
- 枝豆 …… 54
- いんげん …… 56
- 絹さや …… 58
- きゅうり …… 60
- かぶ …… 62
- にんじん …… 64
- 小松菜 …… 66
- 大根 …… 68
- 菜花 …… 70
- キャベツ …… 72
- とうもろこし …… 74
- 小玉すいか …… 76
- いちご …… 78
- しいたけ …… 80
- ピーマン …… 82
- オクラ …… 84
- トマト …… 86

5章 園の実践事例 89

- 光源寺幼稚園 …… 90
- 足近保育園 …… 93
- 荏田南幼稚園 …… 96
- さゆり幼稚園 …… 99
- ひまわり保育園 …… 102

6章 トラブル解消 105

- 畑で見られるいろいろな虫など …………… 106
- 防虫、防鳥方法 ……………………………… 108
- 病気にかかりにくい栽培方法 ……………… 110

1章 栽培物でクッキング

子どもたちも調理に参加できるクッキングレシピを紹介します。
育てた野菜を使って作り、みんなで味わってみてください。

絹さやとひじきの白和え …… 4
半月大根のツナ煮 …… 5
枝豆たっぷり肉ワンタン …… 6
つぶしさといものチーズ焼き …… 7
栽培野菜と豚肉の和風あんかけ …… 8
オクラと梅のとろみスープ …… 9
茎つきかぶのオリーブ焼き …… 10
しいたけとトマトの
　　バッチリコンビ焼き …… 11
小松菜のくるくるお揚げ巻き …… 12
にんじんと豆腐のポタージュ …… 13
いちごのプルプル甘酒寒天 …… 14
とうもろこしのぴったんこサンド …… 15

栽培活動からクッキングまで …… 16

この栽培野菜を使おう
絹さや
栽培方法は58ページで紹介

絹さやの筋を取ったり、厚揚げを切ったり
すり鉢であたったりと、
子どもたちができることがいっぱい。
楽しくておいしい白和えです。

厚揚げの活用がポイント！
絹さやとひじき の白和え

材料（子ども6人分）
- 絹さや……54g（18個）
- ひじき（乾）……3g
- 厚揚げ……200g（1枚）
- A ┌ 白ねりごま……45g（大さじ3）
　　├ 味噌……12g（小さじ2）
　　├ 三温糖……9g（大さじ1）
　　└ しょう油……6g（小さじ1）

作り方
1. 絹さやは筋を取り、塩ゆでして2枚に開き、豆が見える形にする。
2. ひじきは水で戻し流水でよく洗い、沸騰した湯で1分ほどゆで、水を切る。
3. 厚揚げは熱湯をかけて油抜きし、トースターで7分ほど焼いて表面をカリカリにする。粗熱が取れたら表面を5mm程度削ぎ落として、落とした表面を1cm幅の短冊切りにしてひじきとともにしょう油にからめる。
4. 厚揚げの白い部分をすり鉢に入れすりこぎであたり、Aを加えなめらかになるまで混ぜる。
5. ④に①③を加え、全体をよく混ぜ合わせて器に盛る。

子ども1人分
- エネルギー…117kcal
- たんぱく質…6.0g
- 脂質…8.7g
- カルシウム…193mg
- 鉄…2.2mg
- 食物繊維…1.7g
- 塩分相当量…0.4g

＊絹さやの筋を取る。

子どももチャレンジ！クッキング

* ひじきを洗う。
* 厚揚げの表面を短冊切りにする。
* 厚揚げ、調味料をすりこぎであたる。
* 全体を混ぜ合わせ盛る。

* 絹さやを開いて互い違いに豆がついているのを見る。

この栽培野菜を使おう
大根
栽培方法は68ページで紹介

のどごしのよさと味に箸が止まらない！
半月大根のツナ煮

お米のとぎ汁が
活用できることを学べるレシピです。
煮ているときの香りを
みんなで体験してみましょう。

材料（子ども6人分）
- 大根（根）……400g（1/2本）
- 大根（葉）……適量
- A ┌ ツナ缶（オイル漬け）…80g（1缶）
    │ ※ オイルごと使用
    │ 水……150g（カップ3/4）
    │ しょう油……36g（大さじ2）
    │ みりん……24g（小さじ4）
    └ 砂糖……12g（小さじ4）

作り方
❶ 大根は洗って皮をむき1cmの厚さの半月切りにし、ひたひたになるくらいの米のとぎ汁で下ゆでする。
❷ 大根に火が通ったら鍋蓋をずらして湯を捨て、Aを加えて強火にし、沸いたら中火で煮込む。煮汁が少なくなったらみじん切りにした大根の葉を入れて混ぜ、火を止めてそのまま冷ます。

子どももチャレンジ！クッキング

* 大根を洗う。
* 大根の葉をみじん切りにする。

* 大根を半月切りにする。

1章
栽培物でクッキング

子ども1人分
- エネルギー…75kcal
- たんぱく質…3.6g
- 脂質…3.4g
- カルシウム…43mg
- 鉄…0.5mg
- 食物繊維…1.3g
- 塩分相当量…1.1g

エネルギー…124kcal	子ども
たんぱく質…7.2g	1人分
脂質…4.3g	
カルシウム…22mg	
鉄…1.0mg	
食物繊維…2.1g	
塩分相当量…0.1g	

この栽培野菜を使おう
枝豆
栽培方法は54ページで紹介

のどごしツルリン♪
枝豆たっぷり肉ワンタン

材料を練り混ぜる作業、包む作業が楽しめるワンタン。
キャンディーのように包んだりと、包み方を工夫してみましょう。

材料（子ども6人分）
- ワンタンの皮……96g（24枚）
- 豚ひき肉……100g
- ※できれば豚肉を粗みじんにしてたたくか、フードプロセッサーでひき肉にする。
- おから……20g
- 枝豆……120g（40さや）
- しょう油……3g（小さじ1/2）
- ごま油……2g（小さじ1/2）
- 酢・しょう油……各適量
- ミニトマト……30g（12個）

作り方
1. 枝豆は塩ゆでして中の豆を出す。
2. ボウルに①、ひき肉、おから、しょう油、ごま油を入れ手でよく練り混ぜる。
3. ②のたねをワンタンの皮の中央に置き、皮のまわりには指で水をつけて好きなように包む。
4. 鍋にたっぷりの湯を沸かし、ワンタンを1つずつ入れる。2分ほどして浮き上がってきたら30秒ほどゆで、網じゃくしなどですくい湯を切る。
5. 器に盛り、トマトを添える。好みで酢じょう油をかける。

子どももチャレンジ！ クッキング

※ 枝豆の中の実を出す。
※ ボウルで材料を練り混ぜる。
※ ワンタンにたねを包む。

子どももチャレンジ！クッキング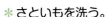

* さといもを洗う。
* さといもの皮をむく。
* チーズを4等分に切り、さといもにつけて焼く。
* しゃもじでさといもをつぶす。

1章 栽培物でクッキング

この栽培野菜を使おう
さといも
栽培方法は50ページで紹介

さといももっちり、チーズがカリッと！ やみつき！

つぶしさといものチーズ焼き

柔らかくなったさといもの皮をむいたりつぶしたりしながら、ほかのおいもと何が違うのかよく見たり、どんな香りがするか注意してみよう！

材料（子ども6人分）
- さといも……300g（6個）
- スライスチーズ（とろけるタイプ）……54g（3枚）

作り方
① さといもは洗って耐熱皿に並べラップをして加熱する（600Wで5分半程を目安に、いもの大きさに合わせて調節）か、蒸す。
② 柔らかくなったら皮をむいてしゃもじ等で軽くつぶす。
③ チーズを4等分し、②のさといもの表裏に貼りつけ、フライパンやホットプレートで両面カリッと焼く。

子ども1人分
エネルギー…60kcal
たんぱく質…2.8g
脂質…2.4g
カルシウム…62mg
鉄…0.3mg
食物繊維…1.2g
塩分相当量…0.3g

この栽培野菜を使おう
トマト、ピーマン、絹さや

栽培方法は86,82,58ページで紹介

子どももチャレンジ！クッキング

* 豚肉を刻む。
* 野菜を洗い、切る。
* 調味料を混ぜる。

夏野菜たっぷり！ うどん、ごはんにぴったり！

栽培野菜と豚肉の和風あんかけ

夏野菜たっぷりの炒め物は、
ごはんにも麺類にもぴったり。
野菜の元気をたっぷり味わえます。

材料（子ども6人分）
- 豚ロース(薄切り)……200g
- トマト……200g(1個)
- ピーマン……120g(3個)
- なす……120g(2個)
- 絹さや……24g(12個)
- ねぎ、にんにく、しょうが（みじん切り）……各少々
- A ┌ だし汁(こんぶ)…200g(カップ1)
    │ しょう油……30g(小さじ5)
    │ みりん……12g(小さじ2)
    │ 砂糖……9g(大さじ1)
    │ 酒……15g(大さじ1)
    └ 片栗粉……9g(大さじ1/2)
- サラダ油……適量
- 塩……適量

作り方
1. 豚肉は粗く刻む。
2. 絹さやは筋を取り食べやすい大きさに切る。トマト、なす、ピーマンはヘタを取り食べやすい大きさに切る。
3. Aの材料を混ぜ合わせる。
4. フライパンに油を熱し、①を加え焼く。なす、ねぎ、にんにく、しょうがを加え炒め、続けてピーマンを加え炒め、③を加える。煮立ったら同量の水で溶いた片栗粉を加え、ひと煮立ちしたら絹さや、トマトを加え混ぜ、塩で調味し器に盛る。

子ども1人分
- エネルギー…142kcal
- たんぱく質…7.4g
- 脂質…8.4g
- カルシウム…11mg
- 鉄…0.4mg
- 食物繊維…1.2g
- 塩分相当量…1.3g

この栽培野菜を使おう
オクラ
栽培方法は84ページで紹介

エネルギー…8kcal
たんぱく質…0.6g
脂質…0.0g
カルシウム…11mg
鉄…0.2mg
食物繊維…0.6g
塩分相当量…0.9g
子ども1人分

ごはんにかけて、
お茶漬け風にしても！
オクラと梅の とろみスープ

オクラはサッと湯通しして使います。
ゆですぎると小口切りが
しづらいので気をつけましょう。

材料（子ども6人分）
- オクラ……60g（6本）
- 梅干し（正味）……20g（2個）
- かつおぶし……3g（大さじ2）
- みりん……少々
- だし汁（かつおぶし）…600g（カップ3）
- 塩・こしょう……適量

作り方
❶オクラは洗って塩を振って板ずりし、熱湯でさっとゆでて冷水に取り小口切りにする。
❷梅干しは種を取り包丁でたたく。
❸材料全てを合わせ塩・こしょうで調味し、器によそう。冷製にしてもよい。
※好みであられ（小粒）を適量振ります。

 子どももチャレンジ！ クッキング
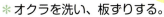

＊オクラを洗い、板ずりする。
＊オクラを小口切りにする。
＊梅干しの種を取り包丁でたたく。

この栽培野菜を使おう
かぶ
栽培方法は62ページで紹介

シンプルでかぶのおいしさを味わえる！
茎つきかぶのオリーブ焼き

シンプルなかぶのソテーは、
茎から実までまるごと楽しめる一品です。

材料（子ども6人分）
- かぶ（根）……60g×3個
- 塩・こしょう……少々
- オリーブ油……適量

作り方
❶ かぶは洗って、茎を少し残して葉を落とし、つまようじなどで根元の汚れたところを取り、縦に5mm厚さの薄切りにする。
❷ フライパンにオリーブ油を熱し、かぶの両面を中火で2分くらいずつ焼く。塩・こしょうで調味する。
※かぶの形がわかるように、そのまま輪切りにしてもよい。

	子ども1人分
エネルギー…13kcal	
たんぱく質…0.1g	
脂質…1.0g	
カルシウム…5mg	
鉄…0.0mg	
食物繊維…0.3g	
塩分相当量…0.3g	

 子どももチャレンジ！  クッキング

＊かぶを洗って汚れを取る。

この栽培野菜を使おう
しいたけ トマト
栽培方法は80、86ページで紹介

子どももチャレンジ！ クッキング

* トマトを洗い、ヘタを取る。
* しいたけにトッピングする。
* スプラウトを収穫する。

1章 栽培物でクッキング

簡単なのにいい味出してる！
酸味がマッチ！

しいたけと トマトの バッチリ コンビ焼き

トッピングが終わったら、しいたけを乗せたアルミホイルの隅に、子どもの名前を書いておくと、できあがりの喜びが違います。

子ども1人分
- エネルギー…24kcal
- たんぱく質…1.8g
- 脂質…1.3g
- カルシウム…31mg
- 鉄…0.1mg
- 食物繊維…1.0g
- 塩分相当量…0.1g

材料（子ども6人分）
- しいたけ……120g（6枚）
- トマト……150g（中1個）
- スライスチーズ（とろけるタイプ）……27g（1枚半）
- スプラウト……適量

作り方
1. しいたけは汚れをふき取り、石突きを取る。石突きは粗みじんに切る。
2. トマトは洗ってヘタを取り1cm角に切る。
3. 石突きとトマトをしいたけのかさにたっぷりと乗せ、1枚を4等分にしたスライスチーズをのせる。アルミホイルを敷いたオーブンかトースターに並べ（180℃で6〜7分）焼く。
4. 皿に盛り、育てたスプラウトを添える。

この栽培野菜を使おう
小松菜
栽培方法は 66 ページで紹介

エネルギー…58kcal	
たんぱく質…3.3g	子ども
脂質…4.4g	1人分
カルシウム…99mg	
鉄…1.6mg	
食物繊維…0.9g	
塩分相当量…0.4g	

カリッと食感を楽しめる、子どもが大好きな串つきひと口おかず！

小松菜のくるくるお揚げ巻き

つまようじがあると、子どもたちの反応がよく大好評の料理です。安全に注意しながら、挑戦してみましょう。

材料（子ども6人分）
- 油揚げ……60g（2枚）
- 小松菜……250g（5株）
- かつおぶし……5g（大さじ5）
- しょう油……18g（大さじ1）
- ごま油……少々

作り方
1. 小松菜は洗ってゆで、水気を絞る。
2. かつおぶし、しょう油、ごま油を混ぜる。
3. 熱湯で軽くゆでた油揚げをまな板にのせ、菜箸でコロコロならし、キッチンばさみで3辺を切り広げる。
4. ③に①の小松菜を棒状に置き、上に②をのせて手前からくるくるしっかりと巻く。巻き終わりを6等分目安につまようじを6本刺してとめ、切り分ける。
5. トースターで3分ほど焼きカリッとさせ盛る。

※⑤のときに、アルミホイルをかけると、つまようじが焦げない。
※のりチーズ巻きなどアレンジ可能。

子どももチャレンジ！ クッキング

* 小松菜を洗う。
* かつおぶし、しょう油、ごま油を混ぜる。
* 油揚げを菜箸でころころして切り広げる。
* クルクル巻いてつまようじでとめる。

この栽培野菜を使おう
にんじん
栽培方法は64ページで紹介

ホッとするやさしい味
にんじんと豆腐のポタージュ

ポタージュに添えた野菜スティックは、スープを混ぜたりしながら楽しんで食べられます。

子どももチャレンジ！クッキング
＊にんじんを洗って切る。

1章 栽培物でクッキング

子ども1人分
- エネルギー…86kcal
- たんぱく質…3.0g
- 脂質…5.5g
- カルシウム…38mg
- 鉄…0.5mg
- 食物繊維…1.3g
- 塩分相当量…0.9g

材料（子ども6人分）
- にんじん……200g(1本)
- 玉ねぎ……100g(1/2個)
- 豆腐(絹)……300g
- 水……400g(カップ2)
- 塩……少々
- コンソメ(顆粒)……8g(固形2個)
- バター……12g(大さじ1)
- 生クリーム……適量

作り方
❶にんじんは洗って細めのスティックを縦に6本分切り、残りをいちょう切りにする。玉ねぎは薄切りにする。
❷鍋にバターを入れ火にかけ、玉ねぎを加えて弱火でじっくり炒める。スティック以外のにんじんは鍋に入れ水を加えて蓋をして中火で10分ほど煮る。
❸②豆腐、塩をミキサーにかけ、再び鍋に戻し温めて器によそう。生クリームで笑顔を描き、にんじんスティックを添える。冷製にしてもおいしい。

この栽培野菜を使おう
いちご
栽培方法は78ページで紹介

ひなまつりのデザートにも！
いちごのプルプル甘酒寒天

やさしい甘さの冷たいデザートです。
いちごの風味が際立ちます。

エネルギー…88kcal
たんぱく質…2.7g
脂質…2.0g
カルシウム…61mg
鉄…0.1mg
食物繊維…0.6g
塩分相当量…0.2g

子ども1人分

材料（子ども6人分）
- いちご……150g（1/2パック）
- 甘酒（ストレート・無糖）……300g（カップ1と1/2）
- 牛乳……300g（カップ1と1/2）
- 砂糖……9g（大さじ1）
- 粉寒天……5g（小さじ1強※）

※寒天の粒子の大きさによるので、できるだけ量るのがよい。

作り方
1. いちごは洗ってヘタを取り縦に4等分する。
2. 鍋に甘酒、牛乳、砂糖、寒天を入れて火にかけ、よくかき混ぜる。沸騰したら火を止めて、2～3分よくかき混ぜて溶かす。
3. 粗熱が取れたらいちごを加え混ぜ、水で濡らした容器に流し入れて冷蔵庫で冷やし固める。
4. 固まったら型から出し、必要なら切り分けて器に盛る。

子どももチャレンジ！クッキング

＊いちごを洗いヘタを取る。

この栽培野菜を使おう

じゃがいも とうもろこし

栽培方法は48, 74ページで紹介

手で食べたい年齢の子どもにも！ お出かけにも！

とうもろこしの ぴったんこサンド

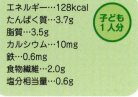

エネルギー…128kcal
たんぱく質…3.7g
脂質…3.5g
カルシウム…10mg
鉄…0.6mg
食物繊維…2.0g
塩分相当量…0.6g

子ども1人分

1章

栽培物でクッキング

このレシピは、材料が違っても応用が利くので、知っているといろいろなサンドイッチを作ることができます。

材料（子ども6人分）
- サンドイッチ用パン……108g(6枚)
- じゃがいも……200g(中1個)
- とうもろこし……250g(大1本)
- マヨネーズ……8g(小2)
- バター……6g(大1/2)
- パセリ・塩……各適量

※ベビーリーフ(微乾燥がよい)と塩でも代用可。

作り方
1. パンは麺棒などを使い薄く伸ばす。
2. とうもろこしはレンジか鍋で蒸して実を手で取るか、包丁でこそぐ。
3. じゃがいもは洗って皮をむき、1cm程度の角切りにする。鍋に入れ、ひたひたの水を加え柔らかくなるまでゆでる。
4. 湯を切り、じゃがいもが熱いうちにバターとマヨネーズを加え混ぜる。混ぜながら、じゃがいもは軽くつぶし、とうもろこしを加え混ぜる。
5. ミキサーにかけたパセリ・塩を④に加え調味する。
6. パンの表面の半分に⑤をのせ、半分に折ってパンのふちをフォークで1cmほど押して接着させる。このとき、接着面に水をつけるとくっつきやすい。

子どももチャレンジ！ クッキング

* とうもろこしの実を取る。
* じゃがいもを洗う。
* ④の具を混ぜる。
* パンに具をのせフォークでくっつける。
* パンを麺棒で薄く伸ばす。

栽培活動からクッキングまで

生の不思議に触れよう！

　いつも食べている野菜にも生の不思議と力が備わっていることを、子どもたちと一緒に栽培活動をしながら感じてみてください。虫や鳥から種や葉を守ったり、栽培物が生長する姿を見て、徐々に植物や野菜に興味をもつ子も増えていくことでしょう。
　「畑づくり」は敷居が高いと感じる場合は、17ページからの「保育室ではじめる栽培活動」の項を参考に、身近な栽培活動を保育に取り入れてみてください。

どんなものを栽培するか決めよう！

　本書では20種の栽培物の育て方を紹介しています。プランターで育てる方法と畑で育てる方法があるので、子どもたちが育てたいものと植えることが可能な場所をよく検討して、栽培物を決定しましょう。36ページの「いつ・どこに植えたらいいのか」の項を参考にすれば、20種の栽培物をいつ・どのタイミングで作りはじめればいいのか一覧することができ、とても便利です。

クッキングに挑戦しよう！

　自分たちで育てた野菜は、愛着もひとしお。さらに自分でクッキングをすれば思い入れもグンとアップします。いつもは食べられない野菜でも、「食べてみようかな」と考えたり、実際に食べられるようになる子も少なくありません。友だちといっしょに、みんなで食べるとよりおいしいと思える経験を、自分たちで育てた栽培物で味わってみてください。

2章
保育室ではじめる栽培活動

野菜の切れ端など、身近なものから栽培活動をはじめてみましょう。
すぐにはじめられるアイデアを紹介します。

保育室で育てよう！　スプラウト …… 18
保育室で育てよう！　ベビーリーフ …… 20
環境デザインに栽培を取り入れよう …… 22
保育室で野菜の切れ端を育ててみよう …… 24
いもを途中まで水耕栽培してみよう …… 26
トマトの脇芽を育ててみよう …… 28
キャベツ、白菜の花芽を食べてみよう！ …… 30
野菜の色を楽しもう！ …… 32
絹さやをグリーンピースにしてみよう …… 34

保育室で育てよう！スプラウト

発芽の様子が見られるのがスプラウト

スプラウトとは、もやしのように日陰で種を発芽させ、茎を長く伸ばして双葉が小さいうちに刈り取って食べる野菜です。スプラウト栽培が楽しい点は、土をかぶせない栽培方法です。種が水を吸って芽や根が出てくるところがじかに見られます。最初のうちは覆いをしますが、毎日覆いを取るごとに変化があるので、「今日はどうなっているかな？」と見るのが楽しみになります。また、1週間ほどの短期間で収穫できるので、飽きずに栽培をくり返すことができます。

毎日世話をする習慣をつける

スプラウトは毎日水を替える必要があります。しかし、小さい容器ですし、前日の古い水を捨てて新しい水に入れ替えるだけという簡単な世話なので、子どもでもじょうずへたがなくできます。植物を育てるには毎日の世話が必要だということが実感できるでしょう。

スプラウトが作りやすいのは、大根、ブロッコリー、ラディッシュなどのアブラナ科のほか、アルファルファ、そばなどがあります。栄養価も高いことが知られています。

栽培方法

使うもの

種

ペーパータオル

霧吹き

容器（牛乳パック、ヨーグルトの箱など、水が漏れず光が通らない容器ならなんでもOK）

作り方

容器に湿らせたキッチンペーパーを敷く。

種をばらばらとランダムにまく。

発芽するまで新聞紙等で覆いをする。その間も毎日霧吹きで乾かないように種に水をかけ、また新聞紙で覆う。

発芽して、根がキッチンペーパーにからんで種が動かないようになったら、覆いを取って室内の少し日陰になる場所に置く。毎日水を捨て、新しい水を入れる。

1週間〜10日ぐらいで、はさみで茎を切って収穫する。

2章 保育室ではじめる栽培活動…保育室で育てよう！ スプラウト

保育室で育てよう！ベビーリーフ

ベビーリーフでいろいろな形の葉っぱを楽しもう

「ベビーリーフ」という名で販売されている種は、ルッコラ、水菜などのアブラナ科や、レタス、チコリなどの葉物野菜の種が数種類、袋に詰められているのが一般的です。スーパーなどでよく見る、葉柄が赤いベビーリーフは、ホウレンソウの仲間、アカザ科のビーツの葉です。ベビーリーフは「葉っぱの赤ちゃん」という名の通り、発芽後3週間ぐらいの若い葉で、食材としてはぜいたくなものだといえるでしょう。種まきして育てていると、徐々に種類によって色や形が異なることがわかってきます。栽培期間が短くてすむので、比較的簡単なうえ、大がかりなプランターがなくても栽培できるので、ぜひ保育室で作ってみましょう。

小松菜　水菜　チコリ　ロメインレタス
ビーツ　サニーレタス　ルッコラ　マスタード

基本の栽培方法　土を使う場合

浅い容器でOK

使うもの
浅いプランターやお菓子の空き缶(底に穴をあけたもの)
野菜用の培養土　化成肥料　種

小さいうちに収穫するものなので、それほど根が張らない浅いプランターで作れます。プランターがない場合は、きりなどで底に穴をあけたお菓子の空き缶などでも問題ありません。まず土を準備します。野菜用の培養土に化成肥料を1カップあたり指で一つまみほど入れ、全体を混ぜます。最初から肥料分が入っている培養土なら、改めて肥料を加える必要はありません。

種をバラバラとランダムにまいて、薄く土をかぶせ、軽く手で押さえます。土の厚さは種の2〜3倍が基本です。たっぷり水をかけ、少し日陰になる場所に置いておきます。

早ければ3日、だいたい1週間ほどで芽が出てくるので、日向に置きます。乾かないように、毎朝水やりをします。3週間ぐらいしたら、収穫します。

ベビーを大人に

一度に全部収穫してしまってもいいのですが、少しずつ摘み取っていくと、残った葉が徐々に大きくなります。数も減っていくので、大きくなりやすいのです。最後に1株残してどれだけ大きくなるか試してみてもおもしろいですね。また、根ごと引き抜く収穫ではなく、葉を1枚ずつはさみで切り取って収穫する方法にしてみると、あとから葉が出てくるのを観察することもできます。

土を使わない場合

土を保育室に入れたくない場合、「ハイドロボール」という粘土を焼いた粒を使って栽培する方法があります。これは肥料分を土からではなく、養分が溶けた水からとるので水耕栽培の一種です。ざる状のものにハイドロボールと水が腐らない珪酸塩白土（けいさんえんはくど）を入れ、水を8分目ぐらいまで入れ、種をまいて新聞紙をのせ、日陰に置きます。発芽してきたら新聞紙を取り、日当たりのいい場所に移動させます。水全体の3分の1量を液肥にして育てます。

使うもの
ざる状の入れ物と、それを入れる容器
ハイドロボール　珪酸塩白土　種　新聞紙

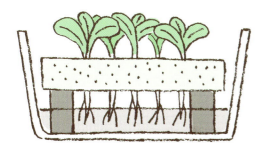

スポンジを使っても水耕栽培することができます。容器に、十字に切れ目をつけた厚さ2cmぐらいのスポンジを入れ、水をしみこませて種を上に置きます。容器に新聞紙をかぶせて、発芽するまで毎日底から水を吸わせます。発芽したら、容器を日当たりのいい場所に移して育てます。根がスポンジの下まで伸びてきたら木片でスポンジを浮かせて二段構えにし、容器の下に液肥を入れて、根の先が当たるようにします。

使うもの
厚さ2cmのスポンジとそれを入れる容器
スポンジを浮かせるための木片2つ　種　新聞紙

2章　保育室ではじめる栽培活動…保育室で育てよう！ベビーリーフ

環境デザインに栽培を取り入れよう

べ ベビーリーフの栽培にプラスアルファして、保育室の環境デザインに生かしてみましょう。私たち大人も、日常ではインテリアとして植物を取り入れていますね。室内環境に植物があることは、とても気持ちを穏やかにさせます。食育の教材として育てるだけでなく、デザインして育てたり、壁面装飾に取り入れたりして心を楽しくする環境としてもベビーリーフを使ってみましょう。科学的視点だけでなく情緒面も豊かになるでしょう。

ベビーリーフをデザインして植えてみる

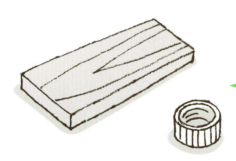

一 般的な栽培方法ではランダムに種をまくのですが、厚さ5mmぐらいの板やペットボトルのキャップなど、身近なものを種をまくくぼみの型押しに使います。こうしたものを使うと、種をまく深さを均一にできるので、発芽がそろいやすくなります。平たく、ある程度面積のある植木鉢やプランターに、板やキャップを土に押しつけ、線や点をデザインします。そのくぼみに種をまき、土をかぶせ、水をやります。

壁面に取り入れてみよう

> 牛乳パックなどの廃品を利用して、壁面に飾るのもおすすめです。牛乳パックをイラストのように切り、ポットを入れて壁面にとめたり、ネットなどを利用したりして壁面を飾ってみましょう。
>
> ※往来の少ない場所に設置しましょう。

2章 保育室ではじめる栽培活動…環境デザインに栽培を取り入れよう

> 牛乳パックを横にして図のように一部開き、ベビーリーフを育てたポリポットを入れ、壁面に飾ると、壁面装飾の一部としてベビーリーフを取り入れることができます。

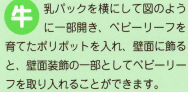

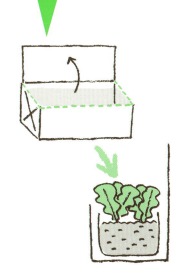

保育室で野菜の切れ端を育ててみよう

生命力を感じる"生ごみ"

給 食調理で余った野菜の切れ端を集めて、保育室で育ててみましょう。野菜の切れ端は子どもたちにとって一見ごみかもしれませんが、条件が整えばかなり葉が大きくなったり、根が出てきたりして、驚くほどの生長を見せます。例えばにんじんの上のほうからは葉が出てきます。キャベツの芯からは葉が大きくなったり根が出てきたりします。"ごみ"と思っていたものから葉が茂ったり根が伸びたりするのを見て、子どもたちは生命力を感じるでしょう。

植物の生長する細胞は、根にも葉にも茎にもなる能力があります。これは難しく言うと植物の「全能性」といいます。細胞が置かれている環境、条件に応じて葉になったり根になったりするのです。

必 要なものは、野菜の切れ端のほかに水、光、そして浅めの容器です。これらがあればすぐできるのが、この活動のいいところです。もっと積極的に育てたい場合は液肥を水全体の4分の1ほど加えるだけで生長が変わってきます。日がそれほど当たらない場所に置いても、それなりに生長します。

いろいろな野菜を使ってみよう

大 根、にんじんなど根菜類の上部、キャベツや白菜の芯、玉ねぎの下の部分など、いろいろな部分を集めてみましょう。

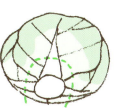
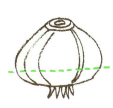

2章 保育室ではじめる栽培活動…保育室で野菜の切れ端を育ててみよう

育て方

上 記のような野菜の切れ端を浅めの容器に並べ、水を張ります。水の深さは5mmぐらいで充分ですが、すぐに乾くので絶やさないように水替えをします。

1 週間ぐらいたつと目に見えて変化が現れます。どこから何が出てくるか、予想しながら見るのも楽しいですね。切れ端が腐らないように水替えを忘れないようにしましょう。なお、ピーマン、なす、トマトなどの実は変化しません。

25

いもを途中まで水耕栽培してみよう

土の中のいもの様子を知る

じゃがいもとさといもは、いもそのものを植えつけるので、作業として子どもの興味を引きやすいのですが、植えてしまったあとは芽が出るまで数週間動きがなく、子どもの興味が途切れてしまいがちです。しかし、そのとき土の中ではいもから芽や根が出る、ドラマチックなプロセスが展開中なのです。通常それを見ることはできませんが、そんなおもしろい場面を見ないのはもったいない！

そこで、植えつけたいもが土の中でどうなっているのかを見るために、いもを水耕栽培してみましょう。

やり方は簡単。お皿のような容器にいもを置いておき、保育室に置いておきます。芽が出るまでは、置く場所はあまり直射日光が当たらない場所のほうがいいでしょう。

いも自体に水分や養分が含まれているので、最初に軽く湿らせておけば活動し始めます。芽が出てきたら日当たりのよい場所に移します。買ってきたいもをそのままにしておいたら芽が出てきたという経験をもつ人は多いと思います。それが暗い場所だともやしのような芽だったはずです。日に当てることでがっちりとした緑の芽になります。皿には深さ1cmぐらい水を入れます。水に浸ったままだといもが腐るので、少しずつ角度を傾けながら根を伸ばします。

芽が出る場所を観察してみよう

理 科の学習でよく知られていますが、じゃがいもは、同じ場所から芽と根が出ます。その場所はランダムなようですが、成り口側は少なく、反対側が多くなっています。

ところで、じゃがいもとさといもは実でも根でもなく「地下茎」で茎の一種です。しかしじゃがいもを見ただけではこれのどこが茎なの？と思いますよね。しかし、じゃがいも普通の地上の茎と同じように、芽や根が出る場所が決まっています。

さ といもの芽の出方は少し様子が違います。さといもは頂点からもっとも力の強い芽が出ます。その近くにある小さな突起も芽になります。根はこの周囲から出てきます。なお、さつまいもは根が太くなったものです。

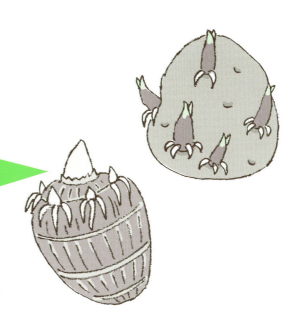

根 がいもよりも長く伸びてきたら、網状のものにいもを置き、根だけが水に触れるようにして栽培を続けましょう。小さめの石やガラス玉を容器に入れてもいいでしょう。さといもは観葉植物のように楽しめます。それもそのはず、アンスリウムなどの観葉植物はサトイモ科なのです。

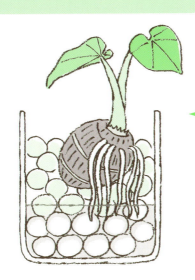

葉 をしばらく楽しんだら、土の中に植えましょう。最初から植えつけたものと比べると、あまり収穫量は上がりませんが、子どもたちはいもの生長の連続性を知ることができるでしょう。じゃがいもの芽は欠けやすいので植えるとき取れてしまうかもしれませんが、後から出てくるので問題ありません。

2章 保育室ではじめる栽培活動…いもを途中まで水耕栽培してみよう

注意 緑色になったじゃがいもや、じゃがいもの芽にはソラニンやチャコニンという毒素が含まれ、食べると中毒を起こします。芽が出たいもを持ったらよく手を洗いましょう。いもを食べるときには、芽は元の部分も含めて取り除く、緑色になった皮は厚めにむく、緑色になった部分は取り除く、傷がついたじゃがいもは食べないといった注意点を守りましょう。

トマトの脇芽を育ててみよう

本 書87ページにも書いてありますが、野菜作りの本には「トマトの脇芽は必ず折り取りましょう」と書いてあります。脇芽はできるだけ小さいうちに取るのがセオリーですが、暑くなってくると生長が速く、あっというまに伸びてしまいます。そんな脇芽を見つけたら、ポリポットに植えてみましょう。小さな枝だった脇芽が、うまくいくと実がつくほど大きくなります。いつもは捨てる部分でも、世話をすれば大きく育つ生命力があるということを知ると、子どもたちは驚くのではないでしょうか。

ポ リポットに培養土を入れ、折り取った脇芽を差すように植えつけます。最初に水をたっぷりやり、日陰に置いておきます。水をやりすぎると腐るので、土の表面が乾いたら少し湿らせる程度にします。1週間ぐらいして根が伸びてきたら、ポリポットをベランダなど日当たりのいい場所に移動させるとぐんぐん生長するでしょう。

脇芽が出やすい場所

主枝と葉の間。ここは必ず出る。

根元。肥料が多過ぎだと出やすい。

葉から出ることもある。

2章 保育室ではじめる栽培活動…トマトの脇芽を育ててみよう

べランダで世話をした脇芽が生長を始めたら、畑やプランターに移して定植すると、最初に植えたものほどは大きく育ちませんが、花が咲いて実をつけます。また、大玉や中玉よりもミニトマトのほうが根づきやすいでしょう。環境のいい畑なら、折り取った脇芽をそのまま地面に差しても根づくことがあります。

キャベツ、白菜の花芽を食べてみよう！

失敗しても楽しみ

キ ャベツ、白菜といった野菜は結球したものを食べる野菜ですが、植えつけ適期を逃したり、プランターを置いた場所が暖かすぎたりといった環境が原因で、ときどき結球しないことがあります。野菜作りとしては「失敗」ですが、可能なら試しにそれをそのまま置いておいてみましょう。春先になると、中心部からつぼみがついた茎（トウ）が立ってきます。これも立派に食べられる食材です。むしろ、自分たちで菜園をやっている人だけの"特権"なのです。失敗してもそのあとの楽しみがあるのが野菜作りの楽しさです。

キャベツの一生

晩 夏に植えつけられたキャベツの苗は、冬に向けて葉が増え、玉になっていきます。キャベツは「低温感応性」という性質で、ある程度、葉が出た状態で冬の寒さにさらされると、花芽が形成されるスイッチが入ります。春になり温かくなってくると、花芽の生長が始まり、トウ立ちしてきます。花が咲き、種ができると枯れていきます。

収穫を楽しもう

ト ウ立ちした花芽は、つぼみのうちに茎を折り取って食べましょう。次々に花芽が出てくるかもしれません。トウ立ちするスピードは驚くほど速いので、収穫するタイミングを逃さないようにしましょう。70・71ページの菜花はまさにこの花を食べることを主目的とした作物です。

2章 保育室ではじめる栽培活動…キャベツ、白菜の花芽を食べてみよう！

花を咲かせてみよう

花 芽を取りそこなってしまったら、花を咲かせて観賞するのもよいですね。キャベツなどアブラナ科の花は別名「十文字花」と言って、その名の通り4枚の花弁が十字を作っています。早春に咲く花なので、ハチなどの昆虫も盛んに寄ってきます。

いろいろな野菜の花を見てみよう！

キ ャベツや白菜だけでなく、小松菜、水菜、チンゲンサイ、ルッコラ、ラディッシュ、大根、かぶなど、花が咲く前に収穫して食べてしまう野菜を作っていたら、少し残しておいて花を見てみましょう。セリ科のにんじんやレタス等キク科の花はとても微細な花で、アブラナ科の花とはまた趣が異なります。子どもたちにとっては、野菜として食べている植物に「その後」があるということを知る、いい機会になるでしょう。

小松菜　　大根　　にんじん　　レタス

野菜の色を楽しもう！

いろいろな色の品種を育ててみる

ト マトといえば「赤」と決まっているように思いますが、品種によっていろいろな色のトマトがあります。黄色い「イエローアイコ」、ちょっと黒っぽい赤色の「ブラックチェリー」、オレンジ色の「オレンジキャロル」など、自分たちで育てられるからこそ楽しめるいろいろな品種を育てて色を楽しんでみましょう。

パプリカやキャベツにもいろいろな色が

ト マトと同じナス科の野菜で色が楽しめるものといえば、パプリカがあります。赤、黄、オレンジ、白、紫、黒など、実にカラフルです。これらの色はカロチノイドという色素で、色素添加物としても使われています。また、抗酸化力が高い物質として注目を集めています。

な すの紺色も印象深い色です。なすを見てみると、ヘタのすぐ下は白いのがわかります。それはその部分が前日に大きくなったということ。日光に当たると次第に色がついていきます。一方、いくら日光が当たっても白いままの白なすという品種もあります。
　なすの色は「アントシアニン」という色素の色です。キャベツや大根、玉ねぎにも紫色のものがありますが、これも同じアントシアニンの色です。

野菜の色を取り出してみよう！

野菜の色を取り出す方法で最も簡単なのがお湯で煮ることです。なすの皮や紫キャベツを煮てみると、紫の色が水に溶け出します。アントシアニンは水溶性なので、色が出やすいのです。色鮮やかなトマトやパプリカ、にんじんは、水で煮てもそれほど水の色は変わりません。

色を変えてみよう

こうしてできた色水に、酢や重曹などを大さじ1杯ほど加えてみると、劇的に色が変わります。なすなどアントシアニンの色水は酢で赤くなり、重曹で黄色やオレンジ、茶色に変化します。「酸」「アルカリ」といった言葉は大きくなってから勉強すればいいことなので、ここでは色が変化する驚きをぜひ子どもたちに体験してほしいと思います。

できた色水は色水あそびに使ってもいいですし、絵を描くのに使ってもいいですね。

また、この現象を利用し、ピンク色のドレッシングを作ることができます。紫色のバジルやチャイブといったハーブの花を酢につけ、酢をピンク色に変色させ、その酢でドレッシングを作ってみましょう。

2章 保育室ではじめる栽培活動…野菜の色を楽しもう！

絹さやをグリーンピースにしてみよう

絹さやの変化

絹 さやを収穫しないでいると、さやの中で豆が徐々に大きくなり、グリーンピースになります。食品として流通しているものは、それぞれ専用の品種ですが、自家菜園で作る範囲なら、気にする必要はありません。グリーンピースが苦手な子どもも、この変化を見ていれば食べる気になるかもしれません。ちなみにスナップエンドウはさやを厚めに改良した品種です。

花が落ちてから1週間ぐらいで絹さやに。

1週間ぐらいたつと、さやがかなり膨らんでくる。

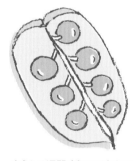

さらに1週間ぐらいでさやの中で豆が丸々と膨らみ、グリーンピースに。さやを開いてみると交互に豆がついているのがわかる。

もっと置いておくと、グリーンピースが熟して種になる。

グリーンピースを外して豆ごはんに

グ リーンピースがたくさんできたら、子どもたちといっしょにさやから外して豆ごはんを作りましょう。豆を、薄い塩味をつけた昆布だしでゆで、冷水に取ってざるに上げておきます。ごはんを炊いたら、グリーンピースをつぶさないようにさっくりと混ぜてできあがり。

3章
栽培の準備をしよう！

土づくりや用具など、
はじめての栽培に挑戦する前に
確認しておきましょう。

いつ・どこに植えたらいいか …… 36
プランターの場合の
　　土づくり・メンテナンス …… 38
畑の土づくりの基本 …… 40
プランター大小を使いまわすプラン …… 42
肥料の使い方 …… 44
野菜作りに必要な道具 …… 46

いつ・どこに植えたらいいか

失敗を少なくするには、適した時期と場所で作ることが大前提です。
本書4章で取り上げる作物の適期は以下の通りです。
時期をよく確認して、保育に取り込んでください。

- 種まき
- 植えつけ
- 収穫

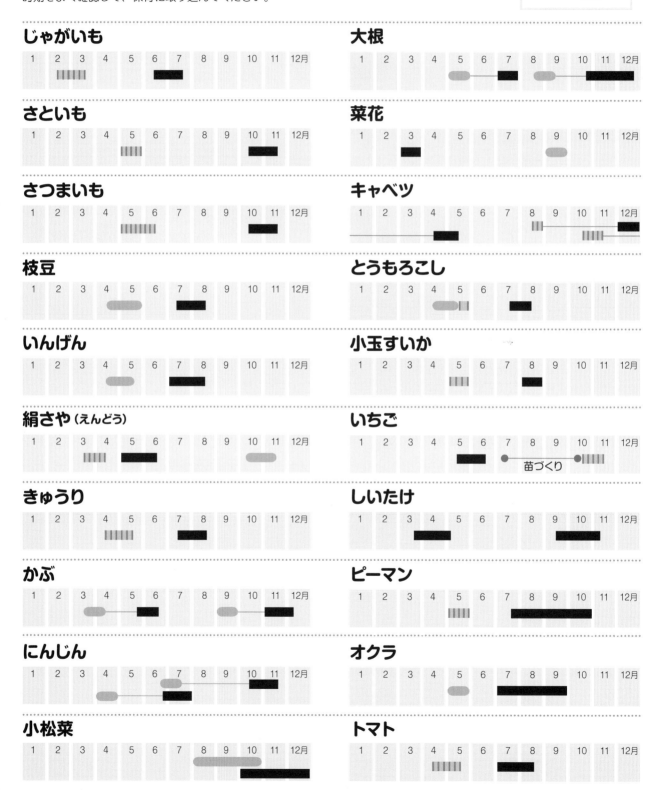

プランターは置き場所を慎重に決めて

3章 栽培の準備をしよう！……いつ・どこに植えたらいいか

畑は場所を選べるならば、できるだけ日当たりのよい場所を選びます。日中全ての時間に日が当たる必要はありません。5時間くらい日が当たる場所であれば、おおかたの野菜は作れます。建物などの関係で秋から冬に日当たりが悪くなる場所は、夏野菜限定にしましょう。

プランターの場合は置き場所を選べるだけに、どこにするか迷ってしまうかもしれません。屋上など、かなりの日照時間が確保できる場所があればよいのですが、ベランダの場合は手すりによって日がさえぎられます。夏の間に日が当たった場所でも、秋になるとかなり太陽の角度が下がり日陰の面積が増えていきます。できるだけ手すりから離したり、台などを使って高い場所に置いたりして、少しでも日が当たるようにしましょう。

また、ベランダの床面は夏には50度以上の熱さになります。そのような場所にじかにプランターを置くと、熱で作物が弱ってしまうので、すのこなどを下に置いてから設置するようにしましょう。

プランターの場合の土づくり・メンテナンス

畑の土を入れてもダメ！

プランター栽培は限られた土で作物を育てます。根はプランターの中だけで伸びて水、栄養、空気を得なくてはなりません。そのため、ある程度水分をキープしながらも水はけがよく、肥料分もきちんとあり、通気性も確保されている必要があります。

いくらいい畑の土であっても、それをプランターに入れたのでは作物はうまく育ちません。通気性が悪く、すぐカチカチになってしまい、養分もすぐに流れてしまいます。また、病原菌をもちこんでしまうかもしれないので、プランターの土は園芸店などで購入しましょう。

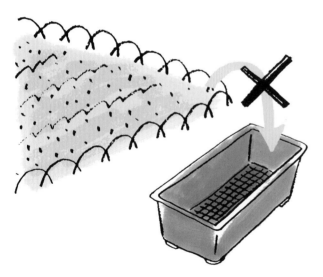

プランター用の土

園芸店に行くと、野菜用の培養土が売られています。こうしたものを使ってもいいのですが、若干高価なので、いくつかの土を混ぜて使うといいでしょう。左記のような条件を満たすためには、メインになる土に通気性と水はけをよくするための材料、そして土の状態をよく保つ有機物を入れます。

配合は赤土か黒土をメインに、通気性と水はけをよくするためにバーミキュライト、そして腐葉土を入れます。4章「栽培方法20種」でそれぞれ詳細に作物別の割合をご紹介していますので、それらをよく混ぜて入れてください。

プランター用の土におすすめの土

赤土	黒土	腐葉土	バーミキュライト
有機質を含まない火山灰土。酸化しているので赤い色をしている。大粒、小粒など粒状になっていることが多い。	赤土に動植物の有機物が分解したものが混ざった土。別名「黒ボク土」といい、関東地方はこの土に覆われている。	ケヤキやクヌギなどの落葉広葉樹の落ち葉を集め、米ぬかと水を加えて発酵させたもの。分解が進んだものほど細かい。	「ヒル石」という石をおよそ1000℃という高温で焼いた多孔質の土でとても軽い。微量要素マグネシウムを含む。

プランターには定期的な水やりを

畑の作物なら、水分を求めてどこまでも根を伸ばすことができますが、プランターはそれができません。また、プランターは乾きやすい環境です。そのため、プランター栽培をする際には定期的に水をやるようにしましょう。毎朝とか1日おきとか、決めたらそのペースをなるべくくずさないようにしましょう。ペースが決まると植物もそのペースに慣れて生長を合わせるようになります。

1年に1度は土のメンテナンスを

1年間栽培をした土は、肥料分が失われていますし、固く締まっているので、できれば半年、少なくとも年に一度はメンテナンスをします。移植ごてで土を掘り起こし、根やごみが混ざっていたら取り除き、粗めのふるいで土をふるってさらさらにします。そのあと、病原菌や虫の卵、雑草の種などを退治する目的で土を消毒します。方法は、ビニールシートの上に土を広げて熱湯をかけ乾かす方法と、日光消毒する方法の2種類があります。日光消毒は真夏におすすめの方法です。ビニール袋に土を入れ、水をたっぷり入れて平らにし、日光に当てます。1週間ほどで完了します。どちらの方法の場合も消毒した土をプランターに戻したら、腐葉土を足します。

畑の土づくりの基本

新しく畑を作る場合

今まで畑でなかった場所を畑にする場合は、スコップで充分土を耕します。深さ30cmぐらいをまんべんなく耕しましょう。小石などはできるだけ取り除きます。耕したら、苦土石灰をまいて、土の酸度を調整します。約1週間後、堆肥や腐葉土などの有機物を1㎡あたり2ℓ入れ、よく混ぜます。これらの有機物は肥料の割合は低いですが、微生物が増えたり土がふかふかになったりして、土壌の状態がよくなります。

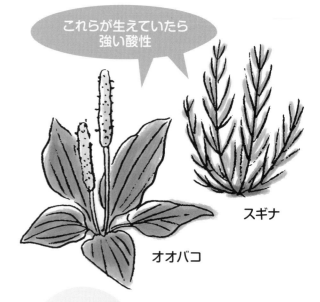

これらが生えていたら強い酸性

オオバコ
スギナ

酸度調整って？

日本の土は酸性に傾きがちですが、作物の多くは中性からごく弱い酸性の土壌を好みます。酸度が合わないと発芽がうまくいかず、苗もすくすくと育ちません。それでは、畑がどれぐらいの酸度なのかはどのように知ればよいのでしょうか。電気機器や試薬を使う方法もありますが、簡単な方法は雑草を見ることです。オオバコやスギナは強い酸性を好む植物です。ハコベが元気よく生えていたらだいたいちょうどよい酸度だと言えます。また、ほうれんそうの種を少し試験的にまいてみて、葉が黄色いようだったら酸性が強いと判断できます。

おもな作物が好む酸度

 酸性 ← → 中性

pH5.5～6.0 弱酸性
- いちご
- じゃがいも
- キャベツ
- 大根
- かぶ
- にんじん
- 小松菜
- さつまいも

pH6.0～6.5 微酸性
- いんげん
- トマト
- 枝豆
- ピーマン
- きゅうり
- 菜花
- 小玉すいか
- オクラ
- とうもろこし

pH6.5～7.0 ほぼ中性
- 絹さや
- ほうれんそう

pH5.0～7.0
- さといも

3章 栽培の準備をしよう！…畑の土づくりの基本

うねたて

作物は通常、「うね」という場所を作って育てます。うねの方向は、基本的には東西にすると日がよく当たりますが、土地の形の都合で無理でしたら南北でもかまいません。うねの高さはその土地の水はけに左右されます。水はけが悪い土地なら少し高めに、水はけのいい土地ならそれほど高くしなくても大丈夫です。周辺の農家の人に土地の特徴を聞き、うねの高さを決めましょう。作物を作る1週間ほど前に、うねをたてる場所に元肥を入れておきます。

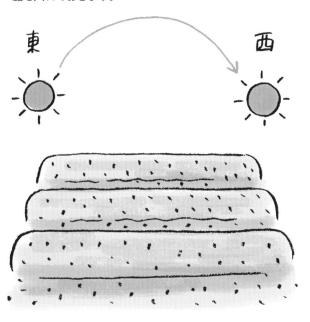

「マルチ」は必ず

うねをたてたら、「マルチ」をします。マルチは雨で土がはねて病気が広がるのを抑えたり、うねが乾きすぎないように保ったり、温度をちょうどいい具合に調整したりといろいろな利点がありますので、ほとんどの作物でぜひ使っていただきたい資材です。今の主流はポリフィルムでできたもので、透明、黒、グリーンなどいろいろな色があり、穴が2列あいているもの、5列あいているもの、全くあいていないものと種類はさまざまです。農家は作物によってマルチを使い分けるのですが、園で作る場合は穴のあいていないものを購入し、作物に応じて穴をあけるのがよいでしょう。色については、透明は地温を上げる、黒は雑草を抑える、グリーンは透明と黒の長所を兼ね備えているという特徴があります。

作物によっては、わらでマルチをしてもいいものもあります。

2月ごろ、寒起こしを

1年使い続けた畑は、冬にメンテナンスをします。スコップで掘り起こして下の土が上にくるようにします。その状態のまま、米ぬかをかけておきます。すると土は冬の間、凍ったり溶けたりをくり返して細かくなっていきます。また米ぬかの作用でいい細菌が繁殖し、病気にかかりにくくなります。3月上旬に石灰資材と堆肥などの有機物を入れます。これを毎年おこなって、何年もかけていい土に育てていきます。前年通路だった場所をうねにすると、畑全体がふかふかになっていきます。

41

プランター大小を使いまわすプラン

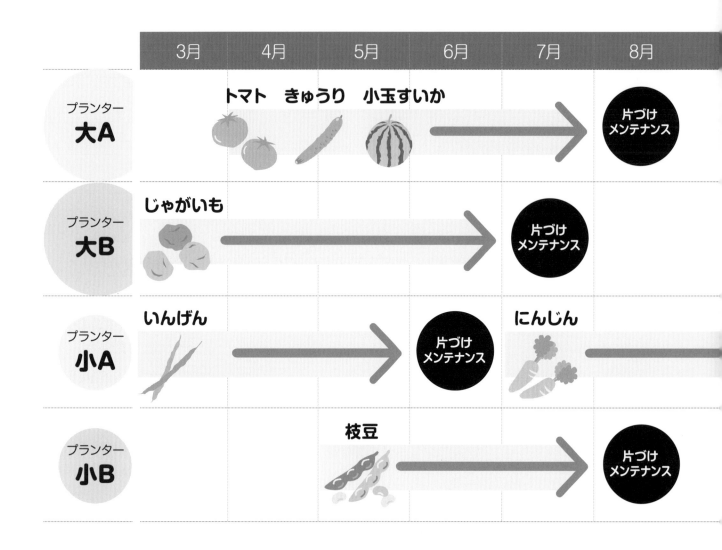

畑は連作を避ける

畑の作付計画をたてる場合は、「連作」を避けるように注意しましょう。連作とは、同じ科の作物を同じ場所で続けて作ることです。同じ科が続くと、地中の栄養が偏ったり、その科を狙う病原菌が増えていたりで、順調に育たないことが多いのです。これを「連作障害」といいます。そこで、違う科を順ぐりにまわして作るような計画をたてます。これを「輪作」と言います。表に野菜の科をまとめてあるので、参考にしてください。ナス科、ウリ科、アブラナ科、その他の4種に分けて場所を移しながら栽培すると連作障害が起きにくいでしょう。

科	作物
ナス科	トマト　ピーマン　じゃがいも
ウリ科	きゅうり　小玉すいか
アブラナ科	キャベツ　小松菜　かぶ　大根　菜花
その他	さといも　さつまいも　枝豆　いんげん　絹さや　にんじん　とうもろこし　いちご　オクラ

3章 栽培の準備をしよう！…プランター大小を使いまわすプラン

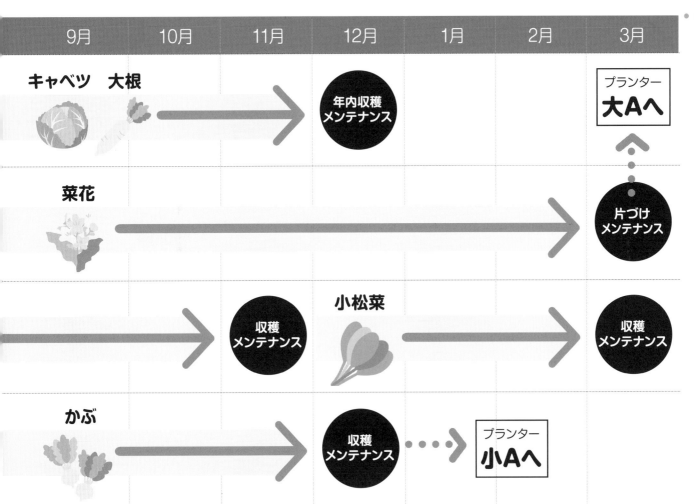

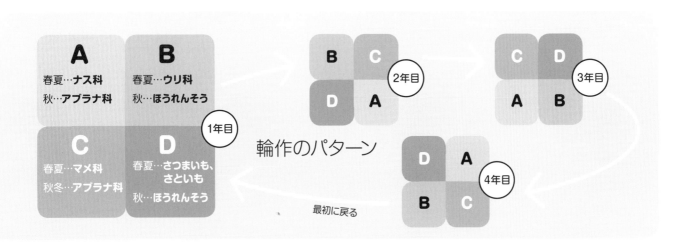

肥料の使い方 基本

肥料はなぜ必要か

植物は地中の空気からエネルギーを生み出したり、水分を光合成に使ったりしていますが、体そのものの生長に欠かせないのが肥料から得られる養分です。自然界では動物の死体や落ち葉が腐敗し、やがて養分になっていきますが、畑ではそのサイクルがないので、人間が肥料を与えなくてはいけません。

おもな有機肥料
数字は順に窒素、リン酸、カリウム（％）

種類	特徴
油かす	菜種や大豆の油を絞ったあとの残りかす。菜種油かすで5.3－2.3－1.0、大豆油かすで7.0－1.5－2.3と窒素分が多い。
発酵鶏糞	鶏の糞を発酵させたもので、4.0－8.0－2.5とリン酸分が多い。
ボカシ肥	米ぬか、鶏糞などに土を混ぜて発酵させたもの。成分は入れるものによって大きく異なる。

化学肥料と有機肥料

植物に必要な養分のうち、主要なものが窒素、リン酸、カリウムです。窒素は「葉肥（はごえ）」と言われ、植物全体を大きくします。「リン酸」は「実肥（みごえ）」と言われ、実をならせるときに多く使われます。そしてカリウムは「根肥（ねごえ）」と言われ、根を元気にするのに欠かせません。しかし、どれも植物全体の生育にかかわるので、バランスよく与えることが必要です。

自然の鉱山などからそれらの元素を精製したものが化学肥料で、一般的には化成肥料と呼ばれています。一方、植物の油かすや家畜の糞など自然物から作られる肥料を有機肥料と言います。

化学肥料は成分が精製されているので、即効性があります。また、濃度も表示されているとおりに均一なので、使いやすい肥料と言えます。窒素、リン酸、カリウムの比率が「8－8－8」（％）と表示してあるものが使いやすいでしょう。有機肥料は窒素、リン酸、カリウムの割合が種類によってまちまちなので、偏らないように使うのは難しいです。また、発酵済みのものを使わないと、土の中で発酵してしまい、ガスが発生して根を傷めます。

微量要素も必要

窒素、リン酸、カリウムのほかにも、植物の生長にはマグネシウム、カルシウム、硫黄、鉄、銅、亜鉛、モリブデン、ホウ素、ニッケルといった元素がわずかですが必要です。これらの要素は有機物の中に入っているので、有機物を与えていれば足りなくなることはまずありません。また、有機物は微生物のえさになります。微生物は土の環境をよくするのに欠かせません。

即効性がある化学肥料、いろいろな成分が入っていて、微生物を増やす有機肥料、どちらも特長がある肥料です。

化学肥料と有機肥料、両方をじょうずに使うことが野菜作りのコツです。

元肥と追肥

種まきや定植の直前に入れておく肥料を「元肥」と言います。小松菜など短期間で作れる作物の場合は元肥だけでも作れるのですが、それ以外の作物には後から加える「追肥」が必要です。追肥のタイミングは大まかに言うと、トマトなど次々に花が咲いて実をならせる果菜類は定期的に、キャベツなど葉を大きくさせるものは株が大きくなる前、とうもろこしや枝豆など一度に花が咲いて実がなるものは花が咲く前、根菜類は根が太くなる前に与えるのが原則です。追肥はすぐに効果が出る化学肥料が使いやすいでしょう。

3章 栽培の準備をしよう！…肥料の使い方

元肥の入れ方

全層施肥（ぜんそうせひ）
うね全体に混ぜる。根が浅いきゅうりや、株が小さい小松菜、枝豆などに向く。

作条施肥（さくじょうせひ）
うねの下に溝を掘って肥料を入れ、埋めておく方法。根が深くまで伸びるトマトや大根などに向く。

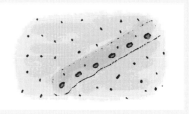

野菜作りに必要な道具

鍬や鎌など、農作業専用の道具が使いこなせればよいのですが、スコップなどで代用できればそれでもかまいません。また、板やロープも便利なので用意しておきましょう。

鎌

スコップ

トンネル用の支柱
（最初からアーチ形になっているものと、しならせてアーチ状にするものがある）

50cmぐらいの棒
（仮の支柱やうねをたてるときの目印に使う）

支柱
（12mm×210cm、10mm×180cmが使いやすい）

鍬

メジャー

霧吹き
（忌避剤などを散布する）

マルチ
（ポリフィルム）

板
（種を筋状にまくときに筋をつけるときなどに使う）

トンネル用の
ビニールか不織布

資材

果菜類などを
誘引するひも
（麻ひもなど自然素材のものがおすすめ）

他に

移植ごて

結束用バンド

支柱を結ぶひもなど
（結束用バンドかしゅろ縄がおすすめ）

バケツ

お椀大の容器
（種入れなどに）

4章
栽培方法 20 種

プランターや畑で栽培する方法を、
20種ご紹介します。

じゃがいも …… 48
さといも …… 50
さつまいも …… 52
枝豆 …… 54
いんげん …… 56
絹さや …… 58
きゅうり …… 60
かぶ …… 62
にんじん …… 64
小松菜 …… 66

大根 …… 68
菜花 …… 70
キャベツ …… 72
とうもろこし …… 74
小玉すいか …… 76
いちご …… 78
しいたけ …… 80
ピーマン …… 82
オクラ …… 84
トマト …… 86

じゃがいも

1	2	3	4	5	6	7	8	9	10	11	12月
	植えつけ				収穫						

遅くとも春のお彼岸前には植えつけを終えます。年度をまたぎますが、お兄さんやお姉さんが植えたいもを世話するのが楽しくなるような声がけをしましょう。

プランターで育てる場合の準備

深さ30cmぐらいのプランターを用意します。長さ60cmぐらいのもので種いも2つぶん。植木鉢だったら1つにつき種いも1つを植えつけます。

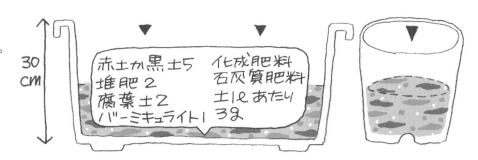

畑で育てる場合の準備

2月下旬～3月上旬堆肥を1㎡あたり2ℓ入れ、1週間後に苦土石灰を1㎡あたり100gまいて土と混ぜます。

うねは、深さ15cmぐらいの溝を掘ります。2本以上うねを作る場合は70cmぐらい間隔をあけましょう。

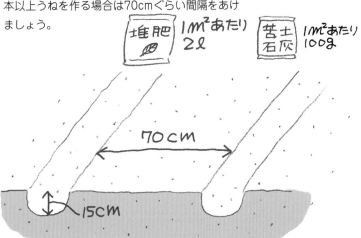

品種について

じゃがいもには加熱した際ホクホクとして崩れやすい男爵系、ねっとりとして崩れにくいメークインの仲間に大きく分かれます。男爵系だったらコロッケやポテトサラダ、メークインなら肉じゃがやカレーなどの煮込む料理が向いています。収穫できたらどんな料理をするか、あらかじめ決めておくとよいでしょう。

最近では肉が色味を帯びた「インカの○○（めざめ、ひとみ）」や皮が赤く、名前の最後に「○○レッド」とつく品種など、たくさんの品種が出ています。よく知っているのとは違うじゃがいもに触れられる機会として、こうした品種を育ててみるのもおもしろいですね。

栽培方法

1. 種いもが大きい場合は2〜3個に切り分ける。一つひとつが小さな卵程度の体積になるようにする。この際、なり口を上にして縦に切り分けるように。芽の数はなり口に近いほうが少なく、逆に行くほど多いので、横に切り分けると芽の数がばらつくため。

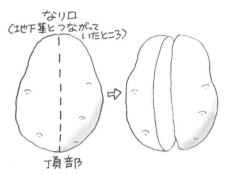

2. **プランター**／上から15cmぐらいの高さまで土を入れ、種いもを入れ、土をかぶせて軽く押さえる。
畑／溝に種いもを置き、およそ30cmおきに並べる。いもといもの間に化成肥料をスプーン1杯程度置く。土をかぶせて手で押さえる。2週間ぐらいで芽が地上に出てくる。

3. **プランター・畑** 芽は何本か出てくるので、植えつけてから約1か月後、大きな芽を残して他の芽を切る。こうすると、いもが大きくなる。土にはさみの刃を入れて切る。このとき化成肥料を1株当たりスプーン1杯程度追肥する。

4. だんだんいもが大きくなってくるので、1か月に一度程度を目安にいもが緑化しないように土をかぶせる。プランターは土を追加する。

5. 葉が茶色くなってくる6月下旬ごろから収穫可能。早めに収穫すると皮が薄いので皮ごと食べられる。

秋じゃがに挑戦！

じゃがいもには9月に植える作り方もあります（ただし東北、北海道は栽培できない）。その際はデジマ、ニシユタカなど秋専用の品種を使いましょう。作り方は春のじゃがいもとほぼ同じですが、秋のじゃがいもは切り分けません。切ってしまうとあっという間に暑さで切り口が腐敗します。12月上旬に収穫できます。

さといも

1	2	3	4	5	6	7	8	9	10	11	12月

植えつけ：5月　収穫：10〜11月

さつまいもとは違ういも掘りが楽しめる作物です。収穫の後、大きな葉はままごとのお皿にしたりお面にしたりと、無駄なく遊びつくしましょう。

プランターで育てる場合の準備

深さ30〜40cmぐらいのプランターを用意する。葉が広がるので置き場所は余裕を持って設置しましょう。

赤土か黒土5：堆肥2：腐葉土2：バーミキュライト1に対し、苦土石灰を土1ℓあたり1g、化成肥料を同じく2g混ぜ、プランターの高さ半分ぐらいまで入れます。残った土は後日足していきますので冷暗所に保管しておきましょう。

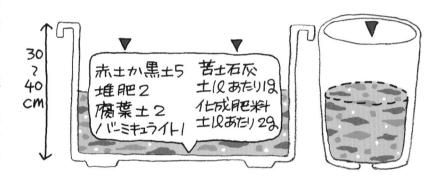

畑で育てる場合の準備

2月下旬〜3月上旬に堆肥を1㎡あたり2ℓ入れます。植えつけ1週間前になったら深さおよそ30cmの溝を掘って堆肥と化成肥料を入れて土をかぶせておきます。量は1㎡あたり100gぐらいが目安です。さといもは葉が大きく広がるので、通路の幅は広く、80cmぐらいはとっておきましょう。

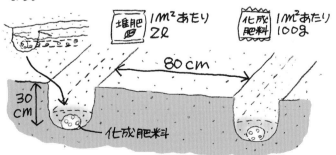

花が見られたらラッキー！

さといもも種類が多く、その地域その地域でよく食べられている品種が異なります。一般的な品種は「土垂（どだれ）」という品種ですが、肉質がなめらかな唐芋、お正月に食べる地域がある八頭（やつがしら）など多様です。また、暖かい地方ではまれに花が咲くのを見られます。仏炎苞（ぶつえんほう）という、カラーのような独特の形をしたクリーム色〜レモン色の花です。

栽培方法

1 種いもをチェックして、頂点の芽が腐っていないかどうか確認する。腐っていても、まわりから芽が出るので植えられるが、発芽した後でひと手間かかるので、植えた場所を覚えておくこと。

畑 肥料を入れた場所の上、深さ10cmほどのところに種いもを置き、土をかぶせる。芽が上か横にくるように置くこと。

プランター 5cmほど掘って種いもを置き、土をかぶせる。

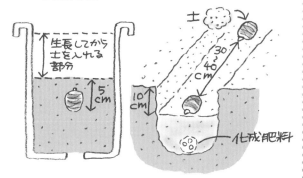

2 2週間ぐらいで芽が出てくる。頂点の芽がダメになっていたいもは、何本か細い芽が出てくるので、植えつけから1か月～1か月半ぐらいたったら大きい芽を1本残して切る。

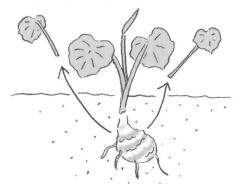

3 梅雨に入ったら追肥と土寄せをする。化成肥料を大さじ2杯ほど、株もとから30cmほど離して置き、さらに横から土を持ってきてかぶせる。梅雨の終わりごろ、2回目の追肥と土寄せを同様にする。

　さといもは9月下旬にぐんと大きくなる。「親いも」「子いも」という言葉があるが、種いも＝親いもではない。種いもの上にできるのが親いもで、その周りに子いもがつく。子いもの先に孫いもがつく場合もある。

4 10月中旬ごろから収穫できる。収穫するときは、茎を持って引き抜いたり、茎を切り落としてスコップなどで掘り起こす。

> **POINT**
>
> ### 原産地を意識した環境づくり
>
> 　さといもは東南アジアの熱帯地域原産なので、できるだけそのような気候を再現するように気をつけることが栽培を成功させるコツです。カラ梅雨だったら水やりを怠らないようにしましょう。
>
> 　さといも類は茎も食べることができます。皮をむいて干したものが「ずいき」という名で販売されています。酢の物やみそ汁の具などによく使われます。サクサクとした独特の食感が楽しめます。

さつまいも

1	2	3	4	5	6	7	8	9	10	11	12月
				植えつけ					収穫		

幼児が最も親しんでいる作物ですが、自分たちでは作っていない園も多いのでは。プランターでも作れるので、畑がない園でも挑戦してみましょう。

プランターで育てる場合の準備

深さ50cmぐらいのプランターを用意し、赤土か黒土を5：堆肥2：腐葉土2：バーミキュライト1をよく混ぜます。苦土石灰と化成肥料を土1ℓ当たり3g入れます。

畑で育てる場合の準備

春先に堆肥か腐葉土を入れた畑であれば、直前に肥料を入れる必要はありません。うねは幅40cmぐらいにします。つるが伸びて面積を取るので、さつまいものうねを何本かたてる場合は、うねとうねの間を1mぐらいあけておきます。

肥料は不要

さつまいもは養分が豊富だと地上部の葉やつるばかりが茂る「つるぼけ」という状態になり、いもが大きくなりません。そのため、さつまいもを作る土は元肥も追肥も必要ありません。うっかり肥料をふんだんに入れた場所に植えてしまうと、葉が茂っているわりにはいもは豊作にならないので、場所を決めたら土づくりのときから注意しましょう。

栽培方法

1 つる苗を30〜40cmおきに土に植えつける。代表的な植え方に、うねに斜めに刺すように植えつける「斜植え」と、つるを湾曲させて植える「舟底植え」がある。

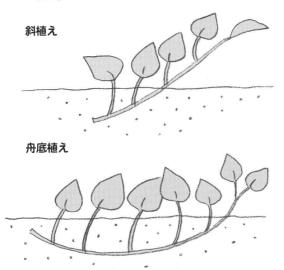

斜植え

舟底植え

2 畑の場合、秋口に伸びたつるをひっくり返す。この作業を「つる返し」という。伸びたつるの節から根が出て養分を吸収し「つるぼけ」になってしまうため、この根を地面から引き抜く。プランターの場合はその必要はない。つるをよく日に当てる。

3 11月、葉が茶色くなりかけてきたら収穫。つるを切って、掘り起こす。

4 プランターの場合は、収穫時にプランターをひっくり返していもを引っ張り出してもおもしろい。

4章 栽培方法 20種…さつまいも

枝豆

1	2	3	4	5	6	7	8	9	10	11	12月
			種まき			収穫					

夏の代表的な作物。豆の大きさにムラが出ない方法をご紹介します。また、おいしさを最大限味わうには、収穫してすぐにゆでることです。

プランターで育てる場合の準備

深さ20cmぐらいのプランターを用意します。土づくりは赤土か黒土6：腐葉土3：バーミキュライト1を混ぜ、化成肥料を土1ℓ当たり1g入れます。

幅60cmぐらいのプランターの場合で、3か所に種をまきます。

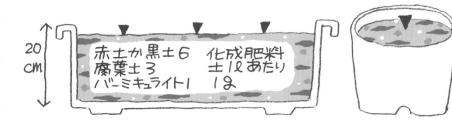

畑で育てる場合の準備

2月下旬～3月上旬、堆肥を1㎡あたり2ℓ入れます。

種まきの1週間前に化成肥料を1㎡あたり50g入れておきます。うねは60cm幅にし、2列に種をまきます。

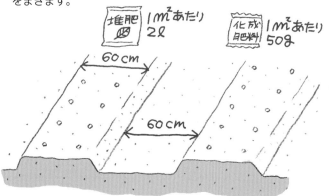

枝豆の種類はいろいろ

枝豆には早生種、晩生種があります。晩生の品種はお盆過ぎに採れ、おいしいのですが虫がつきやすいのが難点です。また、新潟や山形のだだちゃ豆やちゃ豆は、味はいいのですが作るのは難しいです。比較的作りやすいのは「湯上がり娘」です。

花を見逃さないで

作物の花を見るのは子どもたちにとって楽しいことです。でも枝豆の場合は、よく気をつけて花を見逃さないようにしないと、花は大変小さく、大人でも見逃してしまいがちなほど控えめです。株全体が大きくなってきたら、葉柄のつけ根をよく観察しましょう。

栽培方法

1. 深さ2～3cmの穴を20cmおきにあけ、種を2粒入れ、土をかぶせて押さえる。じょうろでたっぷり水やりをする。発芽したばかりの子葉は鳥に食べられやすいので、不織布などで防鳥する。芽の頭がつかえないように、ふんわりかけること。

2. 発芽したら鳥よけの資材を取る。苗を買って植えつける場合はここからスタート。防鳥は必要ない。本葉が4枚ぐらいのときに化成肥料を1株当たりスプーン1杯くらいやる。株もとから15cmぐらい離したところに置いて土をかぶせる。

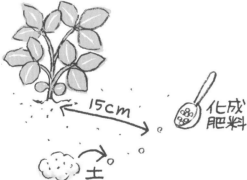

3. 本葉が5枚出てきたら、茎の先端を切る（芯止め）。こうすると、茎と葉の間から脇芽が出てきて開花のタイミングが全体的にそろうので、豆の大きさにばらつきがなくなる。

4. 花が咲く前に2度目の追肥をする。花が咲いて豆が膨らんできたら収穫。遅くなると豆が固くなっておいしくなくなる。

4章 栽培方法 20種…枝豆

POINT

虫の害に要注意

枝豆を収穫しないでそのまま秋まで置いておくと大豆になります。それまで待って大豆を収穫するのもとても楽しい活動ですが、それまでにカメムシが豆の汁を吸いに来たり、秋口にはメイガという蛾がさやに卵を産んで、さやの中に幼虫が大発生したりと、虫の害が出やすいのが難点です。虫から守るには防虫用の資材をトンネル状にかけて守るとよいでしょう。

いんげん

1	2	3	4	5	6	7	8	9	10	11	12月
			種まき			収穫					

いんげんは、春から夏にかけてとれる作物です。次から次へとできるので、見落とすことなく収穫するのはゲームのような楽しさもあります。

プランターで育てる場合の準備

深さ20cmぐらいのプランターを用意します。長さ60cmぐらいのもので、つるあり（下記参照）タイプを育てる場合は両端2か所に穴をあけ種をまきます。つるなしタイプの場合は3か所に種をまきます。植木鉢の場合は1か所に種をまきます。

土づくりは赤土か黒土6：腐葉土3：バーミキュライト1を混ぜ、化成肥料を土1ℓ当たり1g入れます。

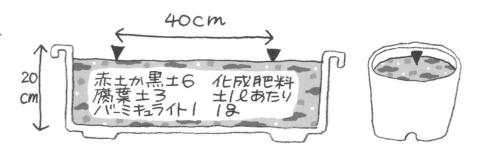

畑で育てる場合の準備

2月下旬～3月上旬、堆肥を1㎡あたり2ℓ入れます。種まきの1週間前に化成肥料を1㎡あたり50g入れておきます。

うねは60cm幅にし、つるありの場合は中央に種をまきます。つるなしの場合は2列に種をまきます。

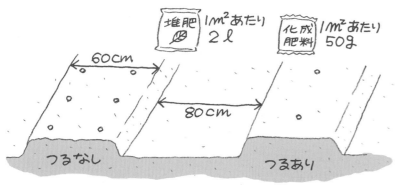

つるありか、つるなしか

いんげんには、つるがあって支柱に沿って高く伸びるタイプと、つるがなく高さ30cmぐらいにしかならないタイプの2つの種類があります。子どもたちが無理なく収穫できるのはつるなしのタイプでしょう。ただし収穫期間は1か月ほどと短期です。長期に収穫したい場合や緑のカーテンにしたい場合は、つるありを選びましょう。

つるありタイプ　　つるなしタイプ

栽培方法

1 深さ2cmほどの穴を40cmおきにあけ、2粒ずつ種をまいて土をかぶせて軽く押さえ、水をやる。

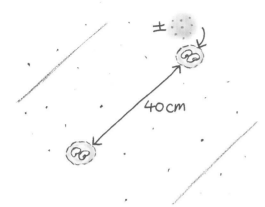

2 3週間後に最初の追肥。小さじ1杯ほどの化成肥料を株元に入れる。つるありの場合はさらに2週間おきに3回追肥する。つるなしの場合、追肥は最初の1回だけでよい。

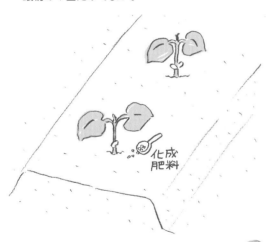

3 つるありの場合は2mほどの支柱を立て、つるを自然に巻きつかせる。

4 続々と花が咲いて豆がつくので、大きくなりすぎないうちに収穫する。大きくなりすぎると筋が固くなり食べられない。

ほかのマメ科の植物を育ててみよう

同じような方法で栽培できるのが、青紫のきれいな花が咲く「シカクマメ」、赤飯に使う「ササゲ」などです。

4章 栽培方法 20種…いんげん

絹さや（えんどう）

1	2	3	4	5	6	7	8	9	10	11	12月
		植えつけ		収穫					種まき		

お弁当や給食で名脇役として活躍する作物です。
花の美しさも楽しみながら、
豆ができるのを待ちましょう。
34ページのような楽しみ方も。

プランターで育てる場合の準備

深さ30cmぐらいのプランターを用意します。長さ60cmぐらいのもので両端2か所に植えつけます。植木鉢の場合は1か所に種をまきます。

土づくりは赤土か黒土6：腐葉土3：バーミキュライト1を混ぜ、元肥として化成肥料を土1ℓ当たり1g入れます。

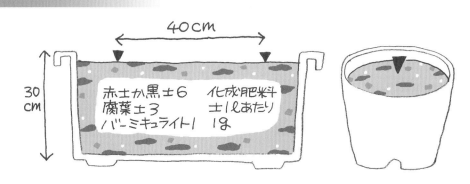

畑で育てる場合の準備

2月下旬〜3月上旬、堆肥を1㎡あたり2ℓ入れます。

植えつけの1週間前に化成肥料を1㎡あたり50g入れておきます。うねは30cm幅にして、中央に植えつけます。

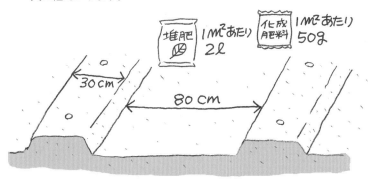

どちらにする？
秋スタートと春スタート

絹さや（えんどう）は、11月に種をまいて畑やプランターで冬越しさせる方法と、春に苗を購入して植えつける2種類の方法があります。秋に始める方法は、期間が長く年度をまたぐので敬遠されがちですが、冬にじっくり根を張るので、いざ春になると、こちらのほうが大きくなります。持ち上がりのクラスなら、秋に種まきから始めるのもいいでしょう。メリットとデメリットを考え合わせて、どちらにするか決めましょう。

栽培方法

1 40cmおきに穴をあけ、種を2～3粒入れる。穴はやや深く、大人の指の第一関節ぐらい（2～3cm）の深さにする。土をかぶせて軽く押さえ、じょうろで水をやる。

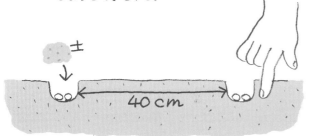

2 発芽して草の丈が10～15cmぐらいで冬越しさせる。季節風が吹いてくる方向にわらなどを刺して、風よけする。冬の間、地上部は全く変化がないが問題ない。枯れないように、葉が茶色くなりかけたら水やりをする。

POINT
ポリポットに種をまいてみよう

まだ畑がふさがっていたり、より確実に発芽したものを植えたい場合はポリポットで苗まで育ててみましょう。直径8cmぐらいのポリポットに土を入れ、種を2～3粒まき、およそ1か月後、草丈が10cmぐらいになったら、畑やプランターに定植しましょう。

3 春スタートの場合は4月になったら苗を植えつける。地上部が生長し、草丈が30cmぐらいになったら支柱を立てる。120～150cmの支柱を、草を囲むように立ててテープを張る。このテープにつるが巻きつく。追肥は化成肥料を1㎡あたり100mℓ入れる。プランターの場合、支柱を内側のへりに沿って立てる。

4 次々に花が咲いて豆が大きくなるので、さやが5～6cmぐらいになったら収穫する。

4章 栽培方法 20種…絹さや

きゅうり

1	2	3	4	5	6	7	8	9	10	11	12月
			植えつけ			収穫					

基本的な野菜のひとつ。夏野菜のイメージですが盛夏は意外に苦手です。3日ほどで大きくなるのでとりごろを逃さないようにしましょう。

プランターで育てる場合の準備

プランターは深さ30cmぐらいのものを用意します。赤土か黒土を4：腐葉土か堆肥、あるいは酸度調整済みのピートモス4：バーミキュライト2で土作りし、土1ℓ当たり苦土石灰を3g、化成肥料を3g入れる。苗は2株、50cmぐらい離して植えつけます。

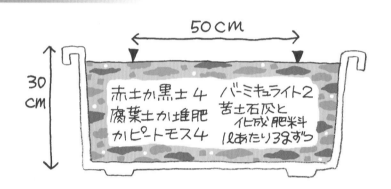

畑で育てる場合の準備

3月上旬ごろ、堆肥を1㎡あたり2ℓ入れ、植えつけ1週間前になったら60cm幅のうねをたてます。元肥は1㎡あたり100gの化成肥料をうね全体のやや浅い位置に混ぜます。

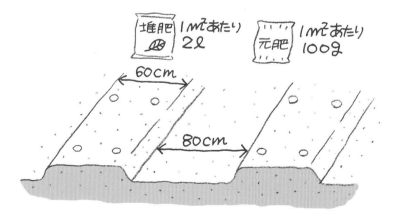

実のなり方を確認しよう

きゅうりには、親づるの節に花がついて実がなる「節なり型」、孫づるの1節目に花が咲いて実がなる「飛び節なり型」、親づると子づるの1節目に花が咲く「中間型」があります。それぞれ整枝の方法が異なる（次ページ参照）ので、苗を購入するときにはどのタイプか確認しましょう。作りやすいのは節なり型か中間型です。なお、きゅうりは病気に弱いので、病気に強い台木に接いである接ぎ木苗を購入しましょう。

栽培方法

1 苗にじょうろでたっぷり水をかけるか、水を入れたバケツに苗をつけて充分浸水させる。土に穴をあけてポットから取り出した苗を入れ、手で軽く押さえる。30cmぐらいの細い支柱を近くに刺し、きゅうりをひもで軽く結びつける。

2 1週間後、210cmの支柱を土に刺して親づるを15cmおきに結び付ける。節なり型は支柱だけでよいが、中間型と飛び節なり型はネットをかける。

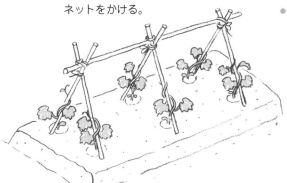

3 **整枝の仕方**

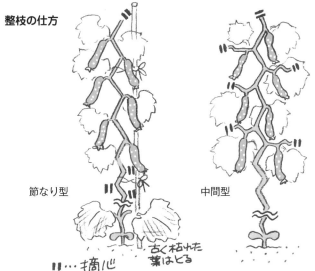

節なり型　中間型　飛び節なり型

生長するに従って、茶色くなった下の葉は取ること。
追肥は2週間おきに。

4 最初のうちは雄花が多いが、だんだん雌花が出てくる。雌花にはつぼみのときから小さなきゅうりがついていて、この実が数日で大きくなる。20cmぐらいになったら収穫する。

POINT

水を欠かさない

きゅうりは根が浅く、乾燥に弱い植物なので、雨が少なかったら水やりをしましょう。

地ばいきゅうりに挑戦！

地ばいきゅうりという種類は味がよく、柔らかいことで人気です。広い畑があったら挑戦してみましょう。地面にきゅうりがついてしまうとすぐにダメになってしまうので、地面にわらを敷くなどして実を守ります。整枝方法は「飛び節なり型」と同じです。

4章 栽培方法 20種…きゅうり

かぶ

| 1 | 2 | 3 | 4 | 5 | 6 | 7 | 8 | 9 | 10 | 11 | 12月 |

種まき　収穫　　　種まき　収穫

春と秋に作れますが、虫がより少ない秋に作るのがおすすめです。
シチュー、スープ、サラダ、甘酢漬け、味噌汁等、オールマイティーな野菜です。

プランターで育てる場合の準備

深さ20cmぐらいのプランターを用意します。土づくりは赤土か黒土5：腐葉土か堆肥を3：バーミキュライト2を混ぜ、化成肥料を土1ℓ当たり3g入れます。幅60cmぐらいのプランターで4か所に種をまきます。

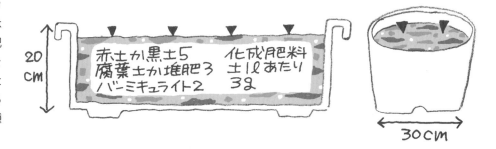

畑で育てる場合の準備

2月下旬～3月上旬、堆肥を1㎡あたり2ℓ入れます。さらに種まきの1週間前に化成肥料を1㎡あたり50g入れておきます。うねは60cm幅にし、4列に種をまきます。

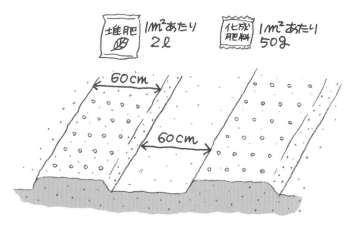

種類が豊富

日本には多くの在来種のかぶがあります。おおむね東日本にはヨーロッパ型、西日本はアジア型のかぶが根づいています。地元にはどんなかぶがあるか、調べて栽培してみても楽しいですね。

大きくなるのは根ではない

かぶの白い部分（玉と呼ぶこともある）は根ではなく、茎と根の間の「胚軸」という部分です。根ではないので、かぶは大根やにんじんと違い、地面の中ではなく地際で大きくなります。

62

栽培方法

1 15cmおきに種を3〜4粒ずつまく。上に軽く土をかぶせて手で押さえ、水をやる。

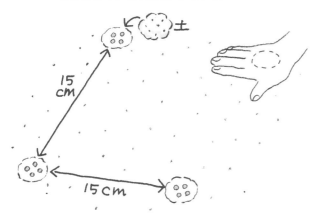

2 3週間後ぐらいに本葉が5〜6枚になるので、間引きをして1本残す。

3 徐々に胚軸が大きくなってくるので、その直径が1cmぐらいのときに追肥する。1株当たり小さじ3分の1ぐらい。

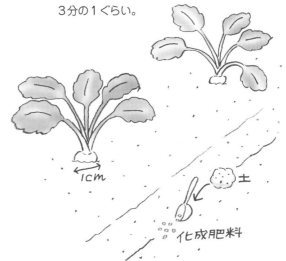

4 種まきから2か月ぐらい後、玉の直径が7〜8cmになったら収穫。

どうして穴に複数の種をまくの？

かぶや大根は1か所に種を複数まきますが、間引いて1本にしてしまいます。「最初から1粒まけばいいんじゃないの？」と思うかもしれませんが、虫や病気にやられるリスクを軽減するほか、近くに同じ植物が生えていることで互いが競い合い、より生長がよくなるのです。

葉っぱは栄養豊富

かぶは白い玉の部分を主に食べる野菜ですが、葉もビタミン、カルシウムが豊富なので積極的に食べましょう。間引き菜も、みそ汁の具などに利用したいですね。

にんじん

1	2	3	4	5	6	7	8	9	10	11	12月
			種まき	種まき					収穫	収穫	

梅雨に種をまいて秋に収穫するのが本来ですが、今は春にまける種もあります。長さも三寸〜七寸といろいろあるので、状況に合わせて選びましょう。

プランターで育てる場合の準備

深さ30cmぐらいのプランターに、赤土か黒土5：バーミキュライト2〜3：砂2〜3をよく混ぜて入れます。土1ℓ当たり苦土石灰と化成肥料を3gずつ混ぜます。長さ60cmぐらいのプランター1つにつき5本のにんじんを栽培します。三寸にんじんであれば、深さ20cmのプランターでも栽培できます。

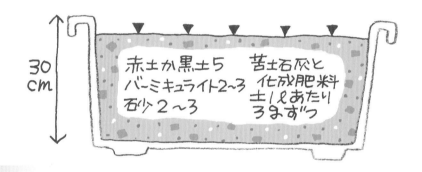

畑で育てる場合の準備

2月下旬〜3月上旬に1㎡あたり堆肥を2ℓ入れます。にんじんが石や硬い土に当たって股根にならないよう、20〜30cmぐらいの深さをよく耕します。1㎡あたり100gの化成肥料を全体に混ぜ、幅60cmのうねをたて、4列に種をまきます。

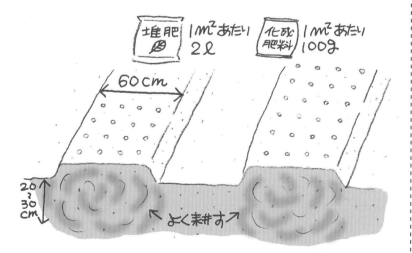

どんな種を選ぶか

にんじんの種はとても小さく、ちょっと風が吹いたら飛んでいきそうなほどです。しかも「種」と言っているものは実は果実で、この中に種子が2つ入っています。二重構造になっているため、発芽するには充分に水分を与え、発芽するまで乾燥させないことが必要です。そして、にんじんの栽培で最も難しいプロセスが発芽なのです。

こうした難しさを解消するため、コーティングを施した種も人気があります。このコーティング剤は水分を保持するので発芽しやすく、子どもの手でも扱いやすいメリットがあります。

栽培方法

1 15cmおきに指でくぼませた程度の穴をあけ、穴一つにつき4〜5粒の種をまく。子どもにコーティングしていない種をまかせるときは、種が手にくっつかないように手をよく拭く。ひとつまみが4〜5粒以上になってしまってもあとで間引けばよい。種をまいたら、土はごく薄くかぶせ、手で軽く押さえる。

2 発芽まで1週間から10日かかる。その間、土が乾かないように水やりを欠かさないようにする。

3 追肥は2週間に一度、1か所あたり化成肥料を5〜6粒ずつ与える。種まきから1か月ほどしたら葉が10cmぐらいになるので、いちばん大きな葉を残して残りを間引きする。間引きをしたときに追肥をして、この追肥を最後にする。間引きした葉はちょっと苦みがあるが、かき揚げや白和えなどにするとおいしい。

4 根の部分が育ってくると、根の上のほうが緑色になるものも出てくるので、土寄せをして根の部分が隠れるようにする。

5 土の上から触ってみて、直径が5cmほどになったら収穫できる。葉を束ねて持ち、真上に引き抜く。

4章

栽培方法　20種…にんじん

やってみよう！

　土づくりの段階でよく耕していても、生長の途中で根が小石に当たったり虫にかじられたりすると、二股になったりねじれたりしますが、保育での栽培はそれも一興として楽しみましょう。

　根菜は、間引いたものを再び植えても大きくならないので食べてしまうのが一般的ですが、それは売り物にならないという意味です。何本かをプランターに植え直して保育室で育ててみても楽しいですね。どんな「にんじん」になるか、お楽しみ！

　近年畑で栽培する場合、ゲリラ豪雨にタイミング悪く見舞われ、まいたばかりの種が流れてしまうことがよくあります。これを防ぐには、稲わらを薄くかぶせたり、不織布で屋根を作るなどの方法があります。

小松菜

| 1 | 2 | 3 | 4 | 5 | 6 | 7 | 8 | 9 | 10 | 11 | 12月 |

種まき / 収穫

地味な野菜ですが、霜が降りて甘さが増した小松菜は絶品の味。
短期間で収穫できるありがたい野菜です。
水菜も同様の方法で作れます。

プランターで育てる場合の準備

深さ20cmぐらいのプランターを用意します。長さ60cmぐらいのもので10か所に種をまきます。

土づくりは赤土か黒土5：腐葉土か堆肥を3：バーミキュライト2を混ぜ、化成肥料を土1ℓ当たり3g入れます。

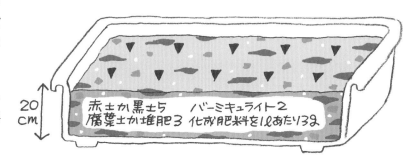

畑で育てる場合の準備

春先に堆肥を入れていれば必要ありませんが、入れていない畑なら9月上旬に堆肥を1㎡あたり2ℓ入れます。

種まきの1週間前になったら化成肥料を1㎡あたり50g入れておきましょう。うねは60cm幅にし、4～5列に種をまきます。

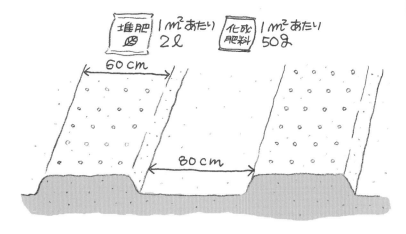

寒さよけをすれば極寒の季節でも

虫が少なくなる秋から冬にかけては、小松菜などの葉物野菜が育てやすい季節です。10月ぐらいまでに種をまければいいのですが、11月以降に種まきする場合は透明のビニールで寒さよけのトンネルをかけましょう（栽培方法参照）。ただし、完全に覆ってしまうと、中が蒸れてしおれてしまうので、下のほうは開けておきます。こうすれば寒の季節でも育てることができます。

霜が降りてからがおいしい

うまく育てると、冬の葉物はたいへんおいしくなります。特に霜が降りてからは葉の中の糖分が増え、甘みがぐっと増します。大きくはなりませんが、肉厚で色の濃い冬ならではの小松菜のおいしさは子どもたちにもわかるでしょう。

栽培方法

1 10〜15cmおきに穴をあけ、種を4〜5粒入れて土をかけ、手で軽く押さえる。じょうろで水をたっぷりかける。

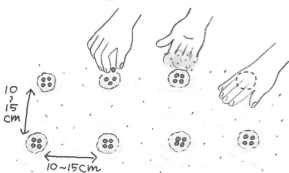

2 小松菜は間引きをしないので、出てきた葉を全部育てる。5cmぐらいになったら、化成肥料を一株当たり5粒ほど与える。

化成肥料を一株に5粒

3 **トンネルがけの仕方**
昼間は下を開けておくこと。

上からトンネル用のビニールをかける。
トンネル用の支柱をうねに刺す。
うねの端に棒を刺し、ビニールをひもで縛る。
穴あきのビニール、不織布でも同様。
プランターの場合 割りばしを使う。

4 丈が20cmぐらいになったら収穫。下のほうを持って引き抜く。

ほうれんそう栽培に挑戦！

同じような作り方でほうれんそうも栽培することができますが、準備のときに、必ず土に石灰を入れてください。ほうれんそうは酸性土壌を嫌うので、石灰を入れないと発芽しません。

大根

| 1 | 2 | 3 | 4 | 5 | 6 | 7 | 8 | 9 | 10 | 11 | 12月 |

5〜6 種まき　7 収穫　8〜9 種まき　10〜11 収穫

"大根十耕"と言って、深く耕すのが
きれいな大根を作るこつです。
プランターでもちゃんとできます。
引っこ抜くのは子どもたちで力を合わせて。

プランターで育てる場合の準備

深さ30〜40cmぐらいのプランターに、赤土か黒土5：バーミキュライト2〜3：砂2〜3をよく混ぜて入れます。土1ℓ当たり苦土石灰と化成肥料を3gずつ混ぜます。長さ60cmぐらいのプランター1つにつき2本の大根を栽培します。ビニール袋でも栽培できます。

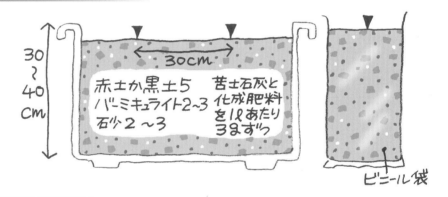

畑で育てる場合の準備

春先に土づくりをしていれば新たに土づくりをする必要はありませんが、していなければ8月中に1㎡あたり堆肥を2ℓ入れておきます。そして、きれいな大根にするために、30cmぐらいの深さをよく耕します。1㎡あたり100gの化成肥料を全体に混ぜ、幅60cmのうねをたて、ビニールでマルチを張り、2列に種をまきます。

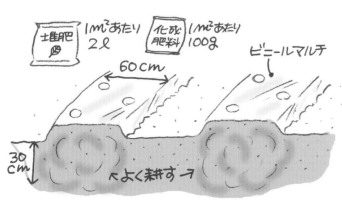

種類いろいろ

作りやすいのはスーパーなどで売られている青首大根ですが、かぶのように丸くなる聖護院（しょうごいん）大根、青首大根より一回り大きい練馬（ねりま）大根、中が赤い青皮紅心（あおかわこうしん）などいろいろな大根があります。練馬大根や聖護院大根は大人でも抜くのに一苦労します。「大きなかぶ」ならぬ「大きな大根」を、子どもたちが力を合わせて抜いてみるのも楽しいですね。

栽培方法

1 30cmおき（あるいはビニールマルチの穴）に種を3粒入れ、土を軽くかけて手で押さえる。

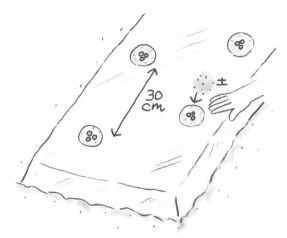

2 約2週間後、1本間引く。残す株にからまないように、手で残す株をそっと押さえて抜く。

3 種まきから約1か月後、2回目の間引きをする。化成肥料を小さじ半分ほど、うねの外にまいて土をかける。

4 品種によって収穫適期が異なるが、種まきから2か月～4か月後、引き抜いて収穫する。

4章 栽培方法 20種…大根

たくあんを作ろう

　収穫した大根を2週間ほど干します。Uの字に曲がるぐらいまで干すこと。干した大根5kgに対してぬか1kg、ざらめ1カップ、塩300g（大根の重量の6％）を混ぜた漬け床に漬け込みます。大根を容器に敷き詰め、ぬかをかけます。その上にまた大根を詰めます。これをくり返して、最後はぬかを多めに振り、重しをのせます。
　あらかじめクチナシの実を細かく砕いてぬかに混ぜておくと、きれいな黄色になります。水が上がってきたら重しを半分に。1か月後ぐらいから食べられます。

菜花

1	2	3	4	5	6	7	8	9	10	11	12月
		収穫						種まき			

春の到来を告げる菜の花です。
花の部分を食べる野菜はブロッコリーなどありますが、子どもでもポキポキ折って収穫できるのが楽しい野菜です。

プランターで育てる場合の準備

深さ25～30cmぐらいのプランターを用意します。土は赤土か黒土を5：腐葉土か堆肥を3：バーミキュライト2を混ぜます。化成肥料を土1ℓ当たり3g入れ、全体に混ぜます。菜花は大きな株になるので、幅60cmぐらいのプランターの場合最終的に2株残します。

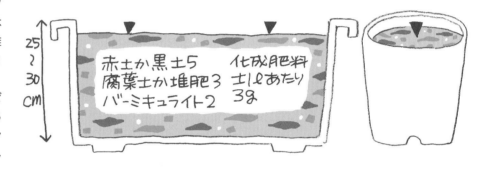

畑で育てる場合の準備

植えつけの1か月前に堆肥を1㎡あたり2ℓ、苦土石灰を入れ、1週間前に化成肥料を1㎡あたり100g、深さ20cmの溝を掘って入れておく。その溝を中心とし、幅30cmのうねをたてる。

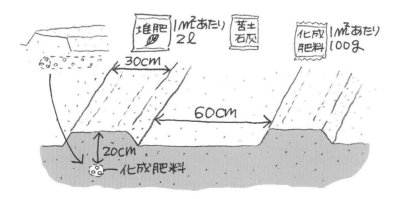

春一番の味覚　間引き菜も楽しむ

3月中旬ごろから出てくる花芽を食べるため、春の訪れを感じられる季節感豊かな野菜です。「のらぼう」と呼ばれるものも同じ仲間で、各地に同じような野菜があります。間引きをしながら大きな株を育てるので、間引き菜もじょうずに食材にしましょう。最終的には1株が意外に大きくなるので、株間をゆったりとあけるようにしましょう。

栽培方法

1 板で土に深さ5mmぐらいの溝を作り、種を1cmおきにすじ状にまき、土をかぶせて軽く押さえる。

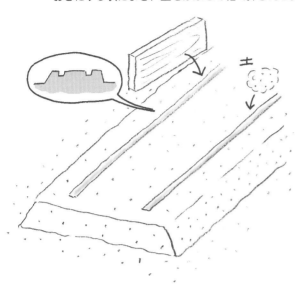

3 残す株をそのまま冬越しさせる。春先になり、生長が始まると花芽が出てくるので、手で折り取って収穫する。次々と花芽が出てくる。

2 2週間後から間引きを開始。最終的に株と株の間が40cm間隔になるまで1週間おきに間引きしていく。間引き菜も無駄にせず食べましょう。

漬物を作ろう！

間引き菜や花芽を漬物にすると、とてもおいしいものができます。高菜やからし菜、野沢菜といった漬物にする葉物も近い仲間で、同じように栽培できます。塩漬けにして翌日から食べる浅漬けはもとより、古漬けにすると乳酸菌発酵が進んで酸味が出てきます。どちらも大変おいしく味わうことができます。

4章 栽培方法 20種…菜花

キャベツ

1	2	3	4	5	6	7	8	9	10	11	12月

植えつけ ▓▓▓　　　　　　　　収穫
　　　　　■収穫　　植えつけ ▓▓▓

冬に採れる野菜ですが、栽培を始めるのは夏。
大きくなるのを楽しみながら
じっくり育てましょう。
ブロッコリーも同様の栽培方法で作れます。

プランターで育てる場合の準備

深さ25～30cmぐらいのプランターを用意します。土は赤土か黒土を5：腐葉土か堆肥を3：バーミキュライト2を混ぜます。化成肥料を土1ℓ当たり3g入れ、全体に混ぜます。60cmぐらいのプランター1つにつき2株植えつけます。ビニール袋でも栽培できます。

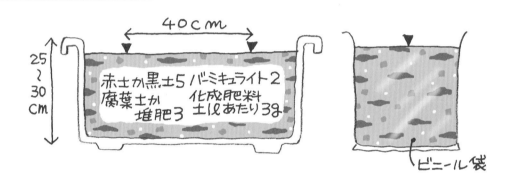

畑で育てる場合の準備

植えつけの1か月前に堆肥を1㎡あたり2ℓ、苦土石灰を入れ、1週間前に化成肥料を1㎡あたり100g、深さ20cmの溝を掘って入れておく。この肥料が真下に来るように、30cm幅のうねを作っておく。

寒玉と春キャベツ

キャベツには、9月ごろ苗を植えつけ12月ごろに収穫する「寒玉」と、11月、あるいは2月ごろに植えつけて5月ごろに収穫する「春キャベツ」があります。葉がギュッとしまっている寒玉、葉がフワッと球になった春キャベツと、それぞれの味わいがあります。適した品種が違うので、苗を買うときは品種を確認しましょう。

寒玉

春キャベツ

栽培方法

1 苗にじょうろでたっぷりと水をかけておく。40cmおきに穴をあけ、苗をポットから出し、穴に入れ、軽く押さえる。

2 虫が発生しやすいので、毎日霧吹きで忌避剤（108ページ）を散布する。それでもアオムシなどが発生した場合は、見つけ次第割りばしなどで取り除く。

3 葉が丸まってきたら、株と株の間に軽くひとつまみの化成肥料を入れる。

4 珠を手で押さえて中が詰まっているようになったら収穫できる。包丁やはさみで、珠のつけ根を切り離す。

4章 栽培方法 20種…キャベツ

白菜の場合

白菜はキャベツと同様の方法で栽培できますが、植えつける時期が2週間ほど遅くなります。また、白菜の苗は3～4本の苗が1つのポットに植わっていることが多いので、そのまま畑やプランターに植えつけて2週間ごとに1本ずつ間引き、最終的に1本にします。このとき追肥を1株あたり小さじ1杯ほど与えます。プランターで作る場合は奥行20cm×幅40cm×高さ30cmのプランターに対し1株が目安です。数を多くしたい場合は、プランター用に、いろいろな品種のミニ白菜が出ていますので、挑戦してみましょう。

とうもろこし

| 1 | 2 | 3 | 4 | 5 | 6 | 7 | 8 | 9 | 10 | 11 | 12月 |

種まき　植えつけ　　収穫

子どもたちが大好きなとうもろこし。
プランターなら1株につき
1本のとうもろこしがとれれば充分です。
下段にベビーコーンができるかも！

プランターで育てる場合の準備

深さ40～50cmぐらいの深いプランターを用意します。土は赤土か黒土を5：腐葉土か堆肥を3：バーミキュライト2を混ぜます。化成肥料を土1ℓ当たり3g全体に混ぜます。幅60cmのプランターで2株育てます。

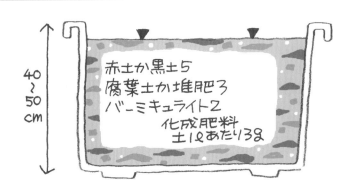

畑で育てる場合の準備

春先に堆肥を1㎡あたり2ℓと苦土石灰を入れておきます。うねの下20cmぐらいの溝を掘って化成肥料を1㎡あたり100g入れます。うねは幅60cmにし、2列に植えます。

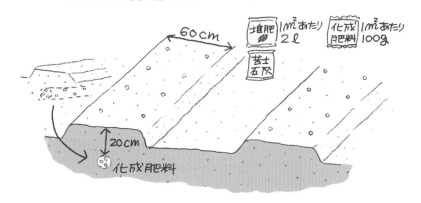

品種について

家庭菜園用のとうもろこしに多いのは、スイートコーンという甘みの強い品種です。黄色と白の粒がまだらにできる「バイカラー」の品種、さらに茶色の粒が混じる品種もあり、これは焼きとうもろこしにするとおいしいです。

なお、ポップコーンができるのは「爆裂種」という専用の品種で、普通のとうもろこしではポップコーンはできません。

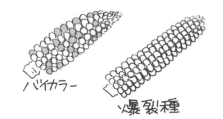

栽培方法

1 直径5〜6cmぐらいのポリポットに2粒ずつ種をまく。じょうろでたっぷり水をやる。

2 およそ2週間、本葉が3枚ぐらいになるまでポリポットで育てたら、30cmおきに植えつける。

3 草丈が15cmぐらいになったら、2本のうち1本をはさみで切って間引きする。

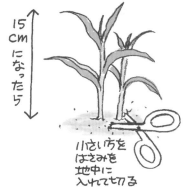

4 草の上から雄花が、葉の間から雌花が出てくる。雌花の穂からひげが出てきたら追肥のタイミング。1㎡あたり30gほど化成肥料をうねの外側にまいて土をかける。

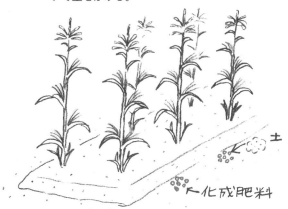

5 ひげが茶色くなったら収穫する。

POINT 一つの品種を育てる

いろいろな品種があるとうもろこしですが、異なる品種同士が交雑すると味が落ちるので、同じ畑では一つの品種を育てるようにしましょう。また、長いうねよりも正方形に近い形で植えたほうが、授粉がうまくいきます。
収穫時期が近づいてきたら鳥に狙われることが多いので、テグスを周辺に張ったりネットをかけたりして鳥よけをしましょう。

4章 栽培方法 20種…とうもろこし

小玉すいか

1	2	3	4	5	6	7	8	9	10	11	12月
				植えつけ			収穫				

スペースを多少とりますが、作ってみたい作物です。
雌花についた小さなすいかが
日々大きくなっていくのを、
子どもたちも楽しみにするでしょう。

プランターで育てる場合の準備

　プランターは深さ30cmぐらいのものを用意します。赤土か黒土を4：腐葉土か堆肥、あるいは酸度調整済みのピートモス4：バーミキュライト2で土作りし、土1ℓ当たり苦土石灰を3g、化成肥料を3g入れます。

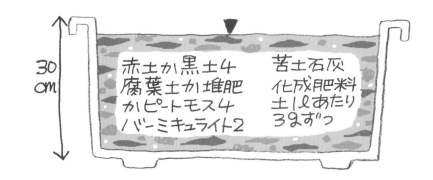

畑で育てる場合の準備

　3月上旬ごろ、堆肥を1㎡あたり2ℓ入れておきます。植えつけ1週間前に深さ30cmぐらいの穴を掘り、元肥を1株あたり化成肥料35gを入れ、100cm幅のうねをたてます。

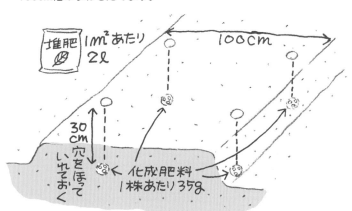

受粉の手伝いが不可欠

　すいかの栽培では、確実に実をならせるために人間が受粉を手伝うことが不可欠です。しかも、時間はできるだけ朝早く、遅くとも10時ぐらいまでに終えましょう。人手による受粉が必要なのはすいかやメロンなど限られた作物です。細かい作業なので大人がやって子どもたちに見せてあげるとよいでしょう。「雌花」と「雄花」の違いを知る機会になります。

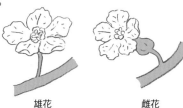

栽培方法

1 苗を60cmおきに植えつける。仮の支柱につるを結びつけておく。

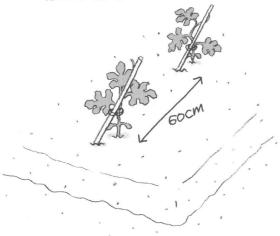

2 本支柱を苗の近くに立て、ネットをかける。

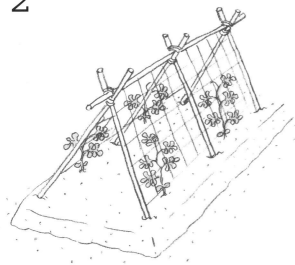

3 親づるは5節で切り、子づる3本を伸ばす。あとから出てくる子づるや孫づるは切る。つるが1mぐらいになったら化成肥料を株元に大さじ1杯ほど入れる。

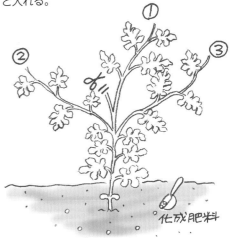

4 雌花が咲いたら、雄花を摘み取って花粉を雌花につける。つる1本につき1個のすいかを大きくする。実がピンポン玉ぐらいになったら2回目の追肥を大さじ1杯与える。それからは2週間に1度、化成肥料を10g追肥する。開花後30〜40日後に収穫する。

POINT

いろいろな仕立て方

上記で紹介したネットの他にもいろいろな仕立て方があります。使える面積に応じた仕立て方で栽培しましょう。

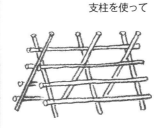
支柱を使って

地ばい型

いちご

1	2	3	4	5	6	7	8	9	10	11	12月
				収穫		苗づくり		植えつけ			

ハウスでのいちご狩りは
経験したことがある子どももいるでしょうが、
露地でも作れます。きれいな形にするには
絵筆で授粉するのがコツ。

プランターで育てる場合の準備

深さ20cm以上のプランターを用意します。赤土か黒土6：腐葉土3：バーミキュライト1を混ぜ、化成肥料と苦土石灰を土1ℓ当たり1g入れます。60cm幅のプランターで3株植えつけます。

いちご専用のプランターを利用しても。

畑で育てる場合の準備

9月上旬、堆肥を1㎡あたり2ℓ入れます。定植の1週間前に苦土石灰と化成肥料を1㎡あたり100g入れておきます。うねは60cm幅、10cmの高さにし、苗を2列に植えます。

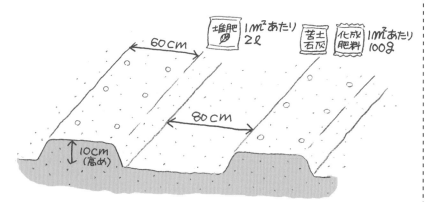

株を増やせる作物

いちごは収穫して終わりではなく、ランナー（リード）という茎を根づかせ、次世代の苗を作ることができる作物です。数も1株から3〜4株増やせるので、じょうずに増やして園内に「いちご園」をつくることも夢ではありません。

しかし、株が病気になっていては年々収量が落ちてしまいます。そうならないためには、最初にウイルスに冒されていない「ウイルスフリー」の苗を選ぶことが大事です。植えた後は、アブラムシなどがウイルスを媒介するのを防ぐよう、防虫に努めましょう。

栽培方法

1 40cmおきに苗を植えつける。株元に茶色い枝のようなランナーが出ている。この反対側に花が咲くので、通路の内側にランナーがくるようにする。「クラウン」という節が土にうまらないようにする。

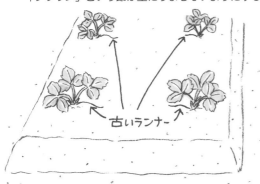

2 いちごが大きくなったときに土につくと虫に食べられたりカビが生えたりするので、うねをわらなどでマルチングする。追肥は化成肥料を月に一度与える。

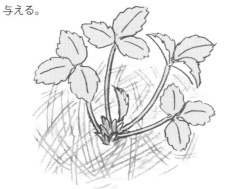

3 4月ごろから次々に花が咲き始める。何もしなくても虫が受粉させてくれるが、確実にきれいないちごにしたい場合は絵筆で雄しべと雌しべをなでてまんべんなく受粉させる。赤くなったら収穫する。この間にもランナーが出てくるが、収穫が続く間は切り取る。

4 収穫が終わったら、苗を増やす。ランナーが伸びて新しいクラウンができ、ここから根が出て次世代の苗になる。最初の株はよいいちごができないので使わない。2番目以降の株を育てる。

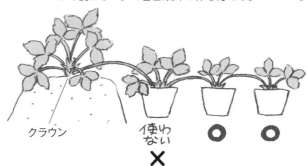

5 株が根ついて葉も茂ってきたら、ランナーを切って秋の定植まで苗を大きくする。最初の株は2〜3年で新しい苗と交代すること。

秋に定植

四季なりと一季なり

春だけ花が咲いていちごが収穫できるのを「一季なり」と言います。それに対して、盛夏と真冬以外ほぼ一年中収穫できるものを「四季なり」と言います。露地栽培で育てやすいのは一季なりの品種です。四季なりの品種の中にはランナーを取るのではなく、株分けして増やしていくものもあります。

しいたけ

1	2	3	4	5	6	7	8	9	10	11	12月
			収穫					収穫			

しいたけなどのきのこは、
植物と違うでき方であるのに加え、
でき始めると数日で大きくなり収穫できるので、
子どもも興味津々になるでしょう。

栽培方法は2種類

野菜ではありませんが、きのこも小規模に栽培できるキットがいろいろと売られています。方法としては2種類あります。まず原木栽培です。種菌を原木に植えつけ、菌をある程度回らせた状態で販売されているものを購入し、育てます。春と秋の2回採れます。もうひとつがおがくずで作った菌床で栽培する菌床栽培です。こちらは短期間にたくさんの収穫が望めます。味としてはじっくりと木を分解しながらできる原木栽培のほうがよいと言われています。

しいたけが採れる環境とは

しいたけの生産地では、木漏れ日が差し込む程度の森の中で朝霧が立ちこめ、風通しがいい環境が適する場所だと言われています。菌が生育する最適温度は25℃ぐらいで、30℃を超えると活動が衰えます。ベランダなど高温になる場所に真夏に置いておくと菌が死滅してしまいます。また、原木の水分は40〜45％ぐらいが、菌が伸びてきのこが発生するのに適した湿度です。また、菌糸が伸びるために光は必要ありませんが、きのこができるにはある程度の光が必要です。"空気は通るが、湿度がある程度あり、日が当たりすぎず適度に日光が差し込む場所"という、なかなか難しい環境が求められます。

しいたけができる仕組み

　原木しいたけを例にご説明します。種菌は、しいたけの胞子から伸びた菌糸のかたまりです。この菌糸が原木の組織であるセルロースなどを分解し、栄養とエネルギーを得て伸びていきます。つまり菌糸は原木の組織を食べながら生長しているのです。環境が整うと、菌糸はきのこの元である「原基」を形成し、きのこになっていきます。きのこは「子実体」といい、植物の花や実に相当するもので、ここから胞子が飛んでいきます。

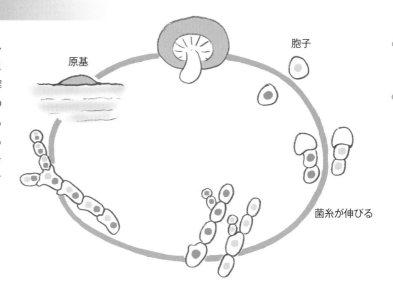

4章　栽培方法 20種…しいたけ

干ししいたけを作ってみよう！

　しいたけは、干すとビタミンDが倍増し、うまみも増します。ぜひ採れたしいたけで干ししいたけを作ってみましょう。ざるに並べて5日から1週間ほど干します。雨に当てないよう注意しましょう。乾物になった干ししいたけと、生のしいたけを食べ比べてみれば、全く違うものになったことが子どもたちにもわかるでしょう。

ほかにこんなきのこに挑戦！

ピーマン

1	2	3	4	5	6	7	8	9	10	11	12月
				植えつけ		収穫					

収穫期間が長い野菜で、比較的簡単に作れます。子どもに嫌われる野菜の代表ですが、自分で世話をすることで食べられるようになる子もいます。

プランターで育てる場合の準備

深さ30cmのプランターを準備し、赤土や黒土4：腐葉土か堆肥4：バーミキュライト2を混ぜ、苦土石灰と化成肥料を土1ℓ当たり3g入れます。60cm幅のプランターで2本植えつけます。

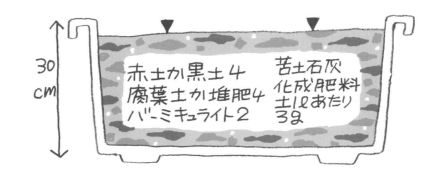

畑で育てる場合の準備

3月上旬ごろ、堆肥を1㎡あたり2ℓ入れ、植えつけ1週間前に60cm幅のうねをたてます。元肥は深さ20cmの溝を掘り、1㎡あたり100gの化成肥料を入れます。

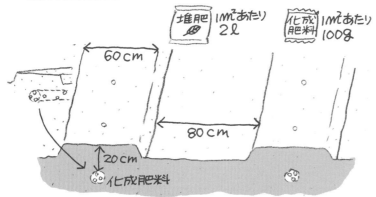

ピーマンとパプリカは仲間

ピーマンとほぼ同じ作り方で、ししとうがらしや唐辛子、パプリカができます。パプリカで注意する点は次ページを参照してください。また、ピーマンを青い状態で収穫せずにいると、徐々に色が変わってきて赤ピーマンになります。独特のにおいが薄くなって甘みが増し、これもおいしいものです。途中茶色になってダメになったかと思うかもしれませんが、その後で赤くなるので、もう少し待っていてください。

ピーマン　ししとう　とうがらし

栽培方法

1 苗にたっぷりと水をやり、40cmおきに苗を植えつける。

2 最初に咲く花がついている枝と、そのすぐ下から出る枝を伸ばす。それよりも下の脇芽は全て取る。

3 支柱をX字型に刺し、それぞれの支柱に枝を誘引する。植えつけ後1か月ぐらいしたら、2週間おきに大さじ1杯ぐらいの化成肥料を株から30～40cm離れた場所に入れる。

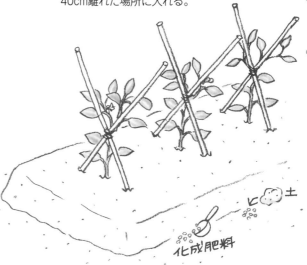

4 次々と花が咲いて実が大きくなるので、7～8cmぐらいになった実から収穫する。

4章 栽培方法 20種…ピーマン

パプリカ栽培の注意点

パプリカにもいろいろな品種がありますが、大きな実を栽培したい場合は花を3分の1残します。熟して色が変わるまで待つので、虫がつきやすくなります。忌避剤を散布して虫よけをしましょう。

1、2、3、6、7、の花は摘む

ナスも同様に栽培できる

ナスも同じような作り方でできます。誘引する本線から出る脇芽にも花が咲いて実がなりますが、収穫するときに脇芽ごと切り、脇芽が茂りすぎないようにすると、大人の背丈ほどに伸びます。

オクラ

1	2	3	4	5	6	7	8	9	10	11	12月
				種まき		収穫					

暖かい気候を好む野菜です。
直根性なのでプランターでは
あまり大きくなりませんが、
実を採るのが楽しいのでぜひ挑戦してください。

プランターで育てる場合の準備

深さ30cmのプランターを準備し、赤土や黒土4：腐葉土か堆肥4：バーミキュライト2を混ぜ、苦土石灰と化成肥料を土1ℓ当たり1g入れます。60cm幅のプランターで2か所に種まきします。ビニール袋でも栽培できます。

畑で育てる場合の準備

4月上旬ごろ、堆肥を1㎡あたり2ℓ入れ、植えつけ1週間前に幅40cm、高さ10cmのうねをたてます。元肥は深さ30cmの溝を掘り、1㎡あたり100gの化成肥料を入れます。

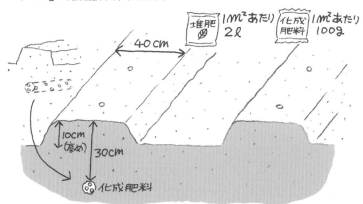

いろいろなオクラ

オクラには、一般的な五角オクラ、丸くて通常のオクラよりも長く、実が柔らかい「島オクラ」、紫色の実がなる「ジュエル」など、いろいろな品種があります。紫色の品種は熱を通すと緑色に変化します。

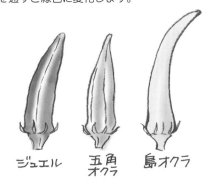

栽培方法

1 オクラは種皮が固いので、発芽を促すために種を水に2～3日浸けておく。

2 種皮が割れて少し芽が出た状態の種をまく。30cmおきに穴をあけ、穴一つ当たり2～3粒入れる。

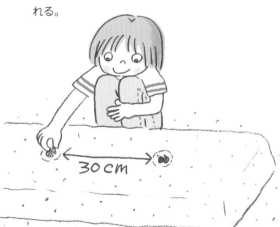

3 本葉が3～4枚になったら、間引いて1本にする。210cmの支柱を立て、生長に従って誘引する。追肥は花が咲いたらうねの外側に大さじ1杯ほど入れる。

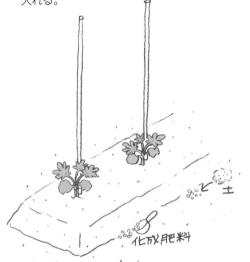

4 長さ7cmぐらいになったら収穫する。収穫が遅くなると固くなって食べられないので、収穫のタイミングは外さないこと。

POINT
暖かい地域が原産

オクラはもともと暖かい地域の植物なので、寒い地域で作る場合は植えつける2週間ぐらい前にうねを立てて、透明ビニールでうねを覆い、地面を温かくしてから種まきをするとよいでしょう。

4章 栽培方法 20種…オクラ

トマト

1	2	3	4	5	6	7	8	9	10	11	12月

植えつけ　収穫

木になった状態で完熟したものを食べられるのは自分で作った人だけが経験できる特権です。生長のバランスを管理し、たくさんとりましょう。

プランターで育てる場合の準備

深さ30cmのプランターを準備し、赤土や黒土4：腐葉土か堆肥4：バーミキュライト2を混ぜ、苦土石灰と化成肥料を土1ℓ当たり3g入れます。60cm幅のプランターで2本植えつけます。

畑で育てる場合の準備

3月上旬ごろ、堆肥を1㎡あたり2ℓ入れ、植えつけ1週間前に60cm幅のうねをたてます。元肥は深さ20cmの溝を掘り、1㎡あたり100gの化成肥料を入れます。

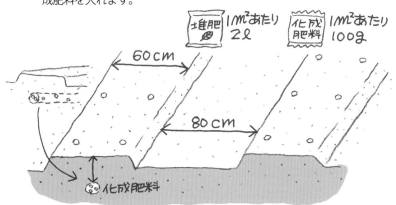

作りやすいのはプチトマト

トマトには大玉、中玉、プチトマトといろいろな大きさがありますが、原種に近いプチトマトのほうが丈夫で作りやすいでしょう。大玉の場合は病気に強い接ぎ木苗だとより安心です。ほとんどのトマトは支柱に誘引して高く伸ばしますが、プチトマトの中には支柱を使わず背が低い状態で育てるものもあります。

栽培方法

1 最初の花が咲いている苗を購入する。うねの50cmおきに穴をあけ、たっぷり水に浸した苗を植えつけ、仮の支柱を立てて誘引する。

2 最初の花は必ず実らせないとその後の花が咲きにくくなるので、「トマトトーン」という薬を花にかけ、ホルモン処理をして実らせる。トマトトーンが手入しにくければ、花を軽くトントンたたいて受粉させる。

3 210cmの支柱を互いに立てかけるようにして立てて、誘引していく。ミニトマトなら2本仕立ても可能。花のすぐ下の脇芽を伸ばして2本目の枝にする。

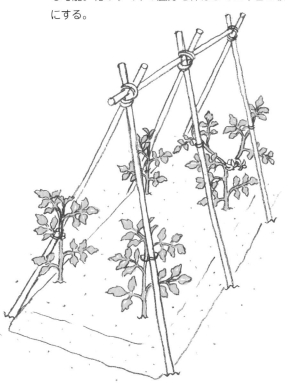

4 追肥として、うねの外側に1株当たり大さじ1杯の化成肥料を2週間ごとに与える。脇芽（29ページ参照）は出るたびに折り取る。

5 支柱のてっぺんまで枝が伸びたら先を切る。5段目ぐらいからは脇芽を放置しておいてもよい。

6 実が赤くなったら収穫する。熟しすぎると実が割れてしまうので、お尻が若干青い程度で収穫するのがおすすめ。

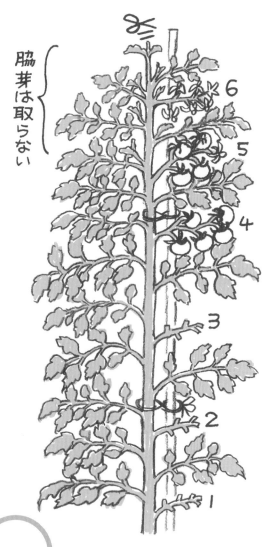

POINT
トマト栽培のコツは2つの生長をコントロールすること

植物には自分自身の体を大きくする「栄養生長」と、花が咲いて実をつける「生殖生長」の2つの生長があります。トマトの場合は特に、この二つの生長をバランスよくコントロールすることが重要です。栄養生長ばかりに傾くと花が咲かずに葉ばかりが茂る「木ぼけ」になります。しかし、体が大きくならないと花は5段、6段と咲き続けなくなってしまいます。そのバランスを取るためにする作業が脇芽かきですので、1週間に一度など、定期的に必ずおこないましょう。

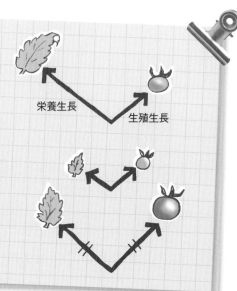

5章
園の実践事例

保育の中で栽培に取り組んでいる
園の活動を紹介します。

光源寺幼稚園 …… 90
足近保育園 …… 93
荏田南幼稚園 …… 96
さゆり幼稚園 …… 99
ひまわり保育園 …… 102

「芽が出た！」から興味が膨らむ畑の観察 1

園の敷地内に小さな田んぼと畑を作り、
成長の喜びを日々感じながら、年間15種ほどを栽培。
みんなで食べるカレーの材料も園の畑で調達できます。

用務員さんがふわふわに耕してくれた畑にとうもろこしの種をまきます。

4月下旬、玉ねぎを収穫。「下のほうを持って、こう引っ張るんだよ」という先生のまねをして、「うーん」と引っ張ると、「とれたー！」と笑顔に。

大阪府大阪市
学校法人
光源寺学園

光源寺幼稚園

園長：中院和子
〒547-0044
大阪府大阪市平野区
平野本町4-11-5
TEL：06-6793-5005

小さな田んぼでの米作りから始まった栽培活動

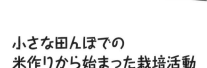

　伝統的な建物が数多く残る大阪市平野区にある光源寺幼稚園は、都市部にありながら、お寺に隣接した静かでゆったりした環境で子どもたちが過ごしています。園の敷地内には、小さな田んぼと畑があり、年間を通じ畑作業にかかわっていくことで、都市部での生活では得られにくい、豊かな食の体験を重ねることができます。

　栽培活動が始まったのは20年ほど前から。最初は、小さな田んぼでの米作りからでした。「園の職員は土いじりの経験はほとんどなかったのですが、お寺や園の仕事をしてくださっていた用務員さんが田んぼや畑での作業経験があり、指導役のようなかたちでかかわってくださることになりました。現在も、栽培活動を支えてくださっています。子どもが10人も入ったらいっぱいになる小さな田んぼですが、田植えから稲刈りはもちろん、脱穀や精米も最近まですべて手作業でおこなっていました」と園長の中院和子先生。

　田んぼができて10年ほど経った頃、食育基本法が施行され、職員の間でも「食べものがどうやってできるか、どれくらい手間がかかるか、知ることは大事」「できる範囲で野菜も作ってみたらどうだろう」といった声があがり、

光源寺幼稚園の栽培活動は、この小さな田んぼから始まりました。

豆類は、スナップえんどう、そら豆、枝豆を作っています。さやをあけてみると、違いがよくわかります。

5章

園の実践事例…光源寺幼稚園

とうもろこしが収穫できたら、皮むきも子どもたちの仕事。ひげは、かつらを作るなど、遊びに使います。

春先はいちご狩りが楽しみ。一度にたくさんとれた分はジャムにして、クラッカーにのせて食べました。

冬は収穫した大根を給食のおみそ汁にして食べました。

プランターでできる簡単な野菜作りが始まりました。最初は園庭の端で1人ずつきゅうりやプチトマトを育てていましたが、生育状況に差が出たり、課外活動のサッカーでボールが当たってしまったりとトラブルがあり、みんなで一緒に育てられる場所を設けることに。敷地内の空いていた土地を利用し、畑作りが始まりました。

用務員さんが中心となって耕し、当時は仕出し弁当だった給食の残飯を利用しバケツで肥料を作り、丹念に土作りをおこないました。最初はきゅうり、ミニトマト、なす、ピーマンなど、栽培しやすい夏野菜から始まりましたが、今では春から夏にかけて、いちご、玉ねぎ、じゃがいも、スナップえんどう、そら豆が収穫でき、夏はとうもろこし、すいか、枝豆、秋はさつまいも、冬は大根と、年間を通じて様々な作物が作られています。天王寺かぶらなどの「なにわ伝統野菜」や、落花生、平野区の花である綿の栽培にチャレンジした年もありました。

畑でとれた作物を使ったわくわく「お楽しみ保育」

光源寺幼稚園では、2014年9月半ばから自園給食が始まりました。同年12月に畑で大根が収穫できると、子どもたちが調理室に運び「給食で使ってください」と栄養士と調理員に伝

91

園の畑でとれた玉ねぎとじゃがいもの入ったカレー。自分たちで育てて収穫したから、おいしさもひとしお。

そら豆もたくさん収穫できました。カレーのトッピングとして、みんなでさや取り。中はふわふわ〜！

じゃがいもは調理活動にも使われます。みんなで型抜きしてカレーの材料に。

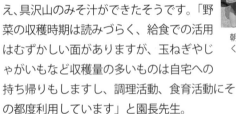

朝の水やりは子どもたちの仕事。「昨日より大きくなってる！」と、毎日驚きと発見があります。

子どもたちが降園した後、先生たちが鍬やスコップを使って畑を耕します。

え、具沢山のみそ汁ができたそうです。「野菜の収穫時期は読みづらく、給食での活用はむずかしい面がありますが、玉ねぎやじゃがいもなど収穫量の多いものは自宅への持ち帰りもしますし、調理活動、食育活動にその都度利用しています」と園長先生。

毎年恒例でおこなわれる「お楽しみ保育」にも収穫した野菜を使用します。6月末の土曜日、午後から年長児が集まり、プールやスタンプラリー、宝探しなどを満喫しながら夜まで園で過ごすという行事で、毎年畑で収穫された野菜を使い、調理活動がおこなわれます。定番はじゃがいもや玉ねぎを使ったカレー。玉ねぎを使って焼きそばを作ったことも。すいか割り用のすいかも、もちろん畑でとれたものを使用します。

水やり、観察、収穫
日々の変化に喜びが

光源寺幼稚園では、種から作物を作ることを大事にしており、用務員さんと職員とでならしたうねに子どもたちが中心となって種をまき、雑草抜きや水やりは、子どもたち、保護者、職員と総出でおこないます。子どもたちが一番得意なのは、観察と収穫。「種まきのときはあまり関心を示さなかった子も、芽が出るとうれしくなるようで、小さな変化にも気づくようになります。子どもたちは育てるというより、見守るに近いですが、『自分たちが育てた』という気持ちがあると、食べる意欲にもつながります」と園長先生。

用務員さんの指導のもと、若い先生たちの鍬（くわ）やスコップを使う腕前もあがり、みんなでかかわる畑となっています。「園で家庭ではできない体験をしてほしい」、そんな先生たちの思いのこもった作物が、毎年実ってます。

光源寺幼稚園

20アールの大きな畑で給食の野菜を自給自足

給食用の野菜を、
園のそばにある畑で栽培しています。
食べるためにみんなで働き、
食べ方も創意工夫。
野菜嫌いも、給食の食べっぷりも、
体も変わりました。

子どもたちと作業する北川園長先生。準備や後始末の手間がかかっても、子どもたちの活動を大事にしています。

5章 園の実践事例…足近保育園

岐阜県羽島市
社会福祉法人
足近保育園
園長：北川山治
〒501-6207
岐阜県羽島市足近町
7-112
TEL：058-391-2272

写真／岩田多佳晋

5月のある日の献立。スナップえんどうは、ゆでてマヨネーズを添えただけとシンプル。デザートのいちごも畑でとれました。

畑は広いので、同じ時間に3、4クラスの子どもが集まって作業できます。じゃがいもが収穫できる頃、なすの花が咲いています。

給食を残さず食べてもらうため子どもたちと一緒に野菜作り

　木曽川、長良川に囲まれ、水と緑が豊かな羽島市にある足近保育園。園のまわりに田畑が広がる環境を活かし、15年ほど前から給食の自給自足に取り組んでいます。

　お米は北川山治園長先生が自宅の田んぼで作った岐阜のお米「はつしも」を使用。おかずやおやつに使う野菜は、園の畑で収穫する作物でほとんど賄っています。園児と職員を合わせると、約200人分。これを月曜から金曜までの毎日、そして土曜日保育で利用する分と、常に充分な量を確保するため、約20アールの畑で年間30種以上の野菜を作っています。畑仕事を中心になって担うのは北川園長先生ですが、職員、園児、そして地域のボランティアの方もかかわり、みんなの手で日々の食事が支えられています。

　「私は以前、学校給食センターの所長をしていましたが、残食がとても多かったんです。足近保育園に赴任して、調理員に給食のことを尋ねると、やはり残食が多かった。どうしたらいいかと考えたとき、子どもたちと一緒に野菜作りをしたら、残さずに食べてくれるのではないかと思いました。私はここが地元で、自宅でもお米や野菜を作っていましたから、園での栽培もすぐに始めることができました」と話す園長先生は、近所の使われていない畑を所有者から借り、さっそく野菜作

玉ねぎをはりきって収穫し、持ちきれないくらいの束になっている子も。とれたてを自宅に持ち帰るため、子どもたちが自分で袋詰めもしました。

夏は大きなすいかがどっさりとれるので、給食のデザートは毎日困りません。

作物の苗は、園長先生が自宅で育てています。畑に植えるのは、子どもたちの仕事。

甘味の強いとうもろこしを、軽トラックいっぱいに収穫。皮をむく作業もみんなでおこないます。

スナップえんどうを収穫したら、子どもたちが筋をとります。

夏に収穫できるもう1つの大きな野菜はかぼちゃ。重いので2人がかりで運びます。

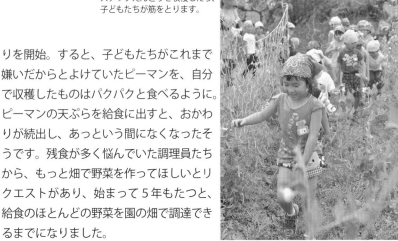

りを開始。すると、子どもたちがこれまで嫌いだからとよけていたピーマンを、自分で収穫したものはパクパクと食べるように。ピーマンの天ぷらを給食に出すと、おかわりが続出し、あっという間になくなったそうです。残食が多く悩んでいた調理員たちから、もっと畑で野菜を作ってほしいとリクエストがあり、始まって5年もたつと、給食のほとんどの野菜を園の畑で調達できるまでになりました。

園児、先生の連携で玉ねぎをどっさり収穫

日々の給食を支える畑での活動も盛んです。一度にできて一度になくなるのを避けるため、同じ作物の苗や種を1週間から10日おきに植えていくこともあります。そして収穫期になると大忙し。畑での活動が始まるのは2歳児クラスからですが、上のクラスの子たちが中心になってみんなの分も収穫するので、手を休める暇がないほどです。

5月上旬には玉ねぎの収穫がおこなわれました。「ここにあるの、全部抜いていいからね」と園長先生が声をかけると、5歳児クラスの子どもたちは競い合うように抜き始め、「6本抜いた！」「ぼくはもう10本いった！」と、にぎやか。中には土や虫などが苦手な子もいますが、とれたての野菜の香りを感じるだけでも充分。子どもたちが集めた玉ねぎの葉を、先生たちが手早くはさみで処理しながら袋に詰め、1時間ほど作業すると、軽トラックの荷台は玉ねぎでいっぱいに。たく

5章 園の実践事例…足近保育園

畑にあるコンポスト。太陽熱で堆肥を作ります。冬は時間がかかりますが、夏はできるまであっという間。肥料は鶏糞や牛糞を使います。

真冬の寒い日でも畑に出ます。雪が残っている中、さつまいもを収穫しました。焼きいもやスイートポテトにして、おやつに。

冬は根菜がおいしい季節。大きなかぶも収穫できました。

時間差でたくさん作るので、10月ごろまで枝豆が収穫できます。自分の背丈より長い茎からさやを取ります。

畑でとれた野菜たっぷりの給食。米飯の和食の献立を心がけています。

さん収穫できたものは、給食で使うほか、栄養士の今西沙代先生が作ったレシピとともに子どもたちが家に持ち帰ります。

「『持ち帰った野菜をどう食べていいかわからない』という保護者の声からレシピを添えるようになりました。畑での作業は苦労が多く、収穫時期がずれることもあるので献立作りは臨機応変にやっていかないといけませんが、その季節にしかとれない野菜をふんだんに使って子どもたちが食べるものを作ることができ、苦労以上に得るものが大きいです」と今西先生。一度にたくさん収穫できて使い切れないときは冷凍保存をすることもあるそうです。

野菜嫌いはもちろん
アレルギーも改善

今では、給食の残食はほぼゼロ。畑のコンポストに入るのはくず野菜ばかりです。給食で出るゴミといえば、すいかの皮やとうもろこしの芯、焼きいもの皮など。コンポストの堆肥を混ぜた土で作った甘味の強い野菜を、みんな毎日残さず食べています。野菜嫌いを直したいと入園させる保護者も多く、卒園児には野菜が好きになっているのはもちろん、アレルギーが治る子も多いそうです。

「自給自足で給食を賄うのはそれだけたくさんの手が必要ですし、土日も作業に追われるときもありますが、子どもの笑顔があるから元気に作業できます」と北川園長先生。愛情たっぷりの野菜が、子どもたちの健康な体をつくります。

足近保育園

「くいしんぼう幼稚園」の元気な屋上菜園

3

子どもたちのやりとりの中から、栽培物もクッキングメニューも決めていく、子どもたち本意の食育活動です。

屋上緑化は建物の省エネルギー化を実践する遮熱効果があります。子どもたちが地球環境について考えるきっかけにも。

水やりのしかたをやさしく教わります。

こんなに大きなきゅうりができました。

神奈川県横浜市
学校法人田園学園
荏田南幼稚園

園長：高良敏子
〒224-0007
神奈川県横浜市都筑区
荏田南2丁目5-3
TEL：045-942-0210

「園の野菜はおいしいよ」で好き嫌いも解消

「うちは、くいしんぼう幼稚園なんですよ」と、高良敏子園長先生は笑顔でおっしゃいます。なるほど、園庭には果樹がたくさん、屋上には菜園、そして広いクッキングルームと、食べる楽しさが存分に味わえる環境です。

野菜の栽培は、28年前の開園当時、園のバスの運転手さんが園庭でなすやきゅうり、トマトを作り始めたのが始まり。畑が砂場のすぐそばにあったので、子どもたちは野菜の生長を間近に見ながらあそび、「園の野菜はおいしいよ」と苦手な野菜も食べられる子が続出。以来ずっと野菜作りを続けてきました。何代か代替わりしながら、今も運転手さんが肥料入れなど栽培の要で活躍してくれるそうです。

園舎の改築時に77.2平方メートルの屋上菜園を設け、すべてのクラスの子どもたちが栽培活動に参加しています。「年少ではミニトマトやなすなど、見てすぐわかるものを選ぶことが多いですね。園庭で朝の体操のあとに屋上菜園に行きますが、少しずつ生長する野菜の姿を見るのをみんなとても楽しみにしています」と担当の先生が話してくれました。

年中や年長クラスでは、保育者と子どもたちが相談して作る野菜を決めることも多く、去年の年中クラスは枝豆と大豆を栽培し、みそ作りも体験しました。年長クラスはベビー

5章 園の実践事例…荏田南幼稚園

年長クラスは毎年稲作りを体験します。

屋上菜園は子どもたちがいちばんわくわくする場所。

夏野菜の生長パワーをいっぱいに浴びて。

きゅうりをもぐときの目は真剣そのもの。

「園のトマトはおいしいな」。栽培活動をしていると、食事時間に食材の話題が増えてきます。

バスで米作りを体験、収穫祭をおこないます。

完全無農薬で育てているので、虫は一匹一匹律儀にとるしかありません。子どもたちから「この虫、飼いたい」という声が出て飼ったこともあるとか。また、導入では、あずきの絵本を見て、「自分で作ったあんこが食べたい！」とあずきに決まったこともあるそうです。栽培活動が園生活の一部になっており、子どもたちとのやりとりの中から臨機応変に豊かな展開が生まれていることがわかります。

失敗を隠さず子どもたちと共有する

栽培活動につきものなのが失敗。荏田南幼稚園でも、さつまいもの「芽出し」がうまくいかなかったり、土に埋めた種いもがカラスに食べられてしまったり、いろいろな失敗を経験したそうです。「でも、なぜそうなったのかを子どもたちにわかるように説明して、失敗を共有することが、次に行くためのステップになります。ときには、子どもたちに慰められることもありますよ」と園長先生。

例えば去年、年少クラスはしいたけの原木を取り寄せてしいたけ栽培にチャレンジしました。「床暖房の上に立てて置いたら出てきた！」などの発見もあった一方で、収穫できなかったクラスも。でも、それはそれとして受け止めた上で、収穫できたしいたけは焼いて食べたあと、干ししいたけにしてスープを作るなどして全員で楽しんだそうです。

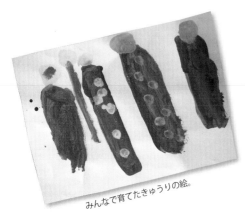
みんなで育てたきゅうりの絵。

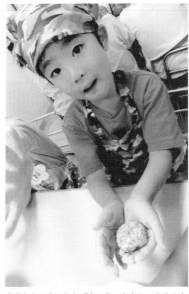
自分たちで育てたあずきで作ったあんこを入れただんごです。

「さあ、入れるよ!」豪快にピーマンを鍋へ。クッキングのメニュー決めも子どもたちの主体性を大事にしています。

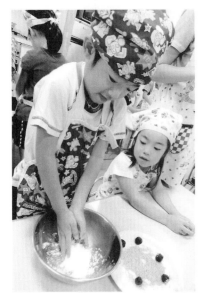
ごまだんごのクッキングで、だんごの粉をこねているところ。

　カラスの害についてはその後いろいろ調べて、作物のまわりに釣り糸を張ることにしました。こうするとカラスが近づけず、とても効果があるそうです。

クッキングは
保護者にも好評

　クッキング活動を始めたきっかけは、開園当初から週に一度やっていた縦割り保育。異年齢で楽しくすごせるいろいろな設定を準備した中で、クッキングの人気がずば抜けており、定員の倍の人数が集まるのが常だったそうです。「そんなに好きなら、定番にしちゃいましょう!」とクッキング保育をスタート。20年ほど前に年少クラスの園舎を増築する際に、30人収容できるクッキングルームを作りました。

　クッキングのメニューはすべて子どもと相談して決め、「本物のおままごと」の楽しさを大事にしています。また、クッキングルームでは父母の会主催のパン教室や韓国料理の講習会など、保護者のための企画も催して好評だそうです。
　「『食べてくれない』という保護者の悩みが多いので、園で助けてあげられたらと思いますね。自分で栽培したり料理した野菜は必ず食べられるようになります。食べることは生きること。この原点を大事に、栽培もクッキングも続けていきたいですね」と園長先生は話してくれました。

荏田南幼稚園

野菜の生長を楽しみに待つ心が子どもたち自身を成長させます。

5章 園の実践事例…さゆり幼稚園

約500平方メートルの畑でいろいろな野菜を作っています。

土の香りがして味の濃い、元気なにんじんがとれました。

園だけで終わらせず地域にどんどん出ていく

4

栽培活動で何を子どもたちに
伝えたいのか。
まず先生たちが農業に関心をもち
一歩踏み出してみてほしい。

埼玉県飯能市
学校法人さゆり学園

さゆり幼稚園

園長：西村恵子
〒357-0024
埼玉県飯能市緑町2-5
TEL：042-973-3456

楽しいだけが栽培じゃない

　五感を使った体験を重視しているさゆり幼稚園では、栽培を中心とした食育指導が保育の大きな柱のひとつです。栽培のモットーは「土にこだわり、畑にこだわる」こと。年長クラスが年間6品目の野菜を作り、収穫した野菜は簡単なクッキングをして食べます。また、全学年で毎月野菜を収穫し家庭に持ち帰っています。

　指導にあたっている副園長の西村純先生は、「栽培活動のすべてが楽しいわけではありません。泥んこに触れるのが嫌な子もいます。でも、ちょっと辛い経験でもそれが原風景のように残り、じわじわと生きる力を育むこともあると思う。それを大切にしたいのです」と話してくれました。

　毎月野菜を持ち帰りますが、そのとき、簡単な料理の仕方を口頭で伝えるのが西村流。「なすは皮に穴をいくつか開けて魚焼き器で焼いて、氷水に入れて皮をむいて食べてごらん、絶対おいしいよ」と子どもたちに話すと、それが保護者に伝わり、「本当においしかった」「苦手ななすが食べられるようになった」といううれしい報告が続くそうです。プリントではなく言葉で伝えるのが効果的なのかもしれま

種まきをする前に、すじまきと点まきについて説明する西村先生。

一人一人が種をまき、芽が出るまで毎日観察します。

年長組では、稲からお米になるまでを学び、釜でごはんを炊くところまで体験します。

公園で落ち葉を集めて堆肥を作ります。微生物の力で堆肥ができていく過程にドキドキ。

あおぞら教室では小学生が鍬を使って本格的な野菜作りを体験します。

「ふれる活動」でぶどう農園を訪れ、果物作りのお話を聞きました。

せん。
　栽培・クッキングと並んで大切にしているのが、「ふれる活動」。農家や酪農家の皆さんとふれあったり、果樹園に行って実際に果物にふれたりする体験です。人を介して「農」の世界を知ることで、作物を育てる苦労や、野菜や果物を大切に食べることがいっそうよく伝わっているようです。

継続している
課外食育活動「あおぞら教室」

　さゆり幼稚園の食育は園内だけにとどまっていません。「あおぞら教室」という食育課外教室を継続しておこなっています。
　園児クラスと小学生クラスがあり、毎週水曜日に2時間活動していますが、こちらの栽培活動はぐっと本格的。自分たちで育てる野菜を決め、土作りから取り組みます。種まきから収穫までの体験とともに、とれた野菜でクッキング、納豆やケーキ作り、近くの山で高校生たちと一緒にネイチャーゲームをするなど幅広い活動をおこなっています。
　「あおぞら教室」に通ってくる子どもたちはどんどん栽培技術が身について、西村先生が「ここはすじまきでね」と伝えるだけで、子ども同士で相談してどんどん種まきができるほどだそうです。そんな中から、「将来は野菜ソムリエになりたい」「料理の仕事をしたい」などの夢を持つ子も出てきました。

自分から一歩踏み出して
農の世界と接点を持とう

　初めて栽培に取り組む保育者たちに対して、西村先生は「どんどん外に出ていくことで、い

なすを使ったクッキング活動。包丁の使い方もちゃんと教わります。

エコツアーでは、地域の方に「農」のもつさまざまな価値を体験してもらっています。

小松菜の収穫とともに、子どもたちの心にもかけがえのない思い出が刻まれます。

田植え体験のエコツアー。さゆり幼稚園の活動がどんどん地域に定着してきました。

5章 園の実践事例…さゆり幼稚園

くらでもヒントが見つかりますよ」とアドバイスします。

西村先生自身も、飯能市で田植え体験と稲刈り体験のエコツアーを主催しています。このように昨今、各地域でさまざまな農業体験のチャンスが豊富になってきました。在来種の野菜を復興させる実践も盛んです。どんな地域でも探せば必ずおもしろそうな企画があるはずなので、積極的に外に一歩踏み出してほしいと西村先生は語ります。

「お金を出せばきれいな野菜が安く、いくらでも手に入る世の中で、なぜ、あえて野菜を作るのか。栽培で子どもに何を伝えたいのか。その答えは、自分自身で土にふれ、人と出会って話す中でこそ見つかると思うのです。プランター栽培も初めの一歩として悪くはないけれど、やはりできるだけ土と、人とふれあうことによって考えてほしい。生き物が相手だから失敗もあるけれど、失敗を体験したからこそ味わえる喜びが栽培活動にはあるのですから」。

直売所に出かけてみたり、近所の農家の方に園に来てもらうことでもOK。園の中だけで考えず、地域に出ていくことで人の縁がつながり、いっそう意義ある栽培活動がおこなえるかもしれません。

もはや地域の重要な農業教育の拠点となりつつあるさゆり幼稚園の取り組みは、今後の日本の農業と子どもたちの未来を考える上でも、大変貴重な実践といえるでしょう。

保護者対象の「おひさまクラブ」。生産から加工まで手がける業者の方に、豚肉について教えてもらいました。

野菜作りから料理まで、つながりのある食育

5

「園長先生の畑」と「子どもたちの畑」を有する
ひまわり保育園では、
野菜作りから食べるまでのつながりが、
保育の中にしっかりと根づいています。

東京都葛飾区
社会福祉法人
ひまわり会
ひまわり保育園
園長：芝山信
〒124-0021
東京都葛飾区細田3-9-26
TEL：03-3673-7550

栄養士も子どもたちから「先生」と呼ばれています。

給食作りが見られるオープンキッチン。子どもたちは調理をしている様子を見て、お昼を楽しみに待ちます。

春先から玄関に貼り出される、お米作りの予定表。子どもも保護者も毎日見ることができます。

お米づくりは栽培活動の柱

　閑静な住宅街にあるひまわり保育園で栽培しているのは、季節に合わせた野菜。とりわけお米作りは栽培と食育をつなぐ要として、毎年おこなっています。どういう種籾は駄目なのかというところから説明し、子どもたちがみずから発芽させ、発泡スチロールの小さな田んぼを20箱ぐらい園庭に置いて田植えをし、収穫も子どもたちがします。さらに脱穀して食べられる状態にしたものを、「収穫祭」で炊いてもらい、自分たちでおにぎりを握って食べます。

　どれだけ育てるのが大変で、食べるまでに手がかかるのかわかってもらえるうえ、それを食べたときのおいしさもしっかりと子どもたちに感じ取ってもらえるので、お米作りは栽培活動の柱にしているそうです。

栄養士が保育現場で子どもとかかわる機会をつくる

　園長先生は、子どもたちに大人気。だから何かしていると興味をもってくれるし、「一緒にやろう」と言葉をかけると、子どもたちはみんな一生懸命かかわるのだそうです。

　以前は栽培活動もあまり保育の中で広がりがなかったのですが、あるとき「園長先生の畑」を作って、園長先生が農作業をする姿を子どもたちに見に来てもらうことにしたところ、子どもたちが興味をもち始めて、「何を作ってるん

泥が嫌いな子も、田んぼの土作りをするとすっかり慣れて、畑作りも手伝えるようになります。

真剣な顔で脱穀します。

自分たちで作ったお米で、おにぎりを握って収穫祭。おいしさは格別です。

5章 園の実践事例…ひまわり保育園

だろう」「自分もやりたい」「この野菜が食べたい」と言い出しました。その声に後押しされて保育士の方々も栽培活動に力を入れるようになり、さらに栄養士の人数が増え、野菜作りから料理保育まで、つながりのある食育活動になったそうです。

　もともと食事には力を入れていて、食材の展示などもしていたそうですが、今の子どもはキャベツが4等分や、千切りで売っているのを店頭で見ていますから、きちんと野菜について伝えていかないと、野菜や食べ物の元の形、どこから来たものなのかを知る機会はありません。そのため給食の時間に実際の野菜を見せながら「このトマトはどこでとれると思う？」「リンゴみたいに木になってると思う？　それとも土に埋まってると思う？」などと問いかけるのは、絶好の機会。さらに「大根は何で白いところと緑のところがあるの？」などと投げかけができると、野菜にもっと興味がもてるようになるので栄養士にその役をになってもらうことにしたそうです。今では「これはこのあいだ植えたのと同じじゃがいもだよ」など、保育活動としっかりリンクした言葉かけで栄養士が食育を進めているそうです。

　「『食育』と身構えなくても、子どもたちに興味をもたせることはできるんです。でも保育士だけでやろうとすると難しい。給食がただの食事にならないように栄養士が参加して問いかけをするのはとてもいいことなんです」と芝山園長先生は話してくれました。

野菜の生長から、植物の命を感じる

　あるとき「野菜が大きくなったということは、みんなと一緒で育っているんだよ」と知らせると「こんなに大きくなってきたのに、食べるのはかわいそう」と言った子がいました。「この野菜はみんなに食べてもらうためにここま

103

昨年はみんなでいも掘りができるほど、さつまいもが豊作でした。

トマトや大根、小玉すいかなど、いろいろな野菜栽培に挑戦しています。

収穫したさつまいもはふかしいもにしました。

でがんばって育ってきたんだから、その命をもらって食べて、みんながさらに大きくなればいいんだから、がんばって食べよう」と話すと、子どもは納得したそうです。また子ども同士で「お花取っちゃだめよ」と注意し合うようになったり、自宅でも野菜を育ててみたいと言ってくる子もいて、栽培をすることで、植物も生き物なのだという意識が、子どもたちの中でしっかり芽生えていることを感じることも多いそうです。

より一層つながりのある食育活動を目指して

　最近ではより小さいうちから食育を始めようと、0〜2歳の子どもたちもシアターなどで食材に親しんでいます。3歳になると園長先生の畑や年長のお兄さんお姉さんが作っている畑で実際に野菜を取ってきて、それを見てお絵かきをしたり、枝豆ごはんのときに、豆をさやから外すお手伝いなどもしています。4歳児は畑を見に行ったり料理保育をしますし、5歳児はお米やいろいろな野菜を育てたり、料理もしたりするので、栽培することから食事までがより一層つながった活動になったそうです。

　東日本大震災の後は、放射能を心配される保護者の方が多かったので、畑の野菜を食べるのは中断した時期もありましたが、今は土づくりの段階から放射能の検査もし、保護者に安心してもらえるように万全の配慮をして、栽培野菜を食べることを再開しています。

　こうして大切に作った野菜は、「おうちのよりおいしい」という子どもが多く、「味が違う」という子もいるそうです。新鮮な野菜の味と香りを知り、食材の味を園でのみならず家にいてもしっかりと意識できるようになったのも、栽培から食へのつながりを考え、スタッフが連携して日々食育を積み重ねた成果です。

ひまわり保育園

6章
トラブル解消

鳥や虫との出会いや害など、
栽培活動で困ったときに役立つ情報です。

畑で見られるいろいろな虫など …… 106
防虫、防鳥方法 …… 108
病気にかかりにくい栽培方法 …… 110

畑で見られる いろいろな虫など

野菜作りをしていると、いろいろな昆虫や生き物と出会います。子どもには触らせないほうがいい虫もいますが、ほとんどの虫はそうした心配はありません。少々作物を食べられてもあまり気にせず、虫との出会いを楽しみましょう。

> 触らないほうがいい虫

ハサミムシ
土中にいる。尾部のハサミには毒はないが、強く挟まれると出血することがある。

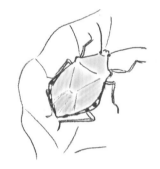

カメムシ
枝豆の豆の汁を吸いに来ることがある。触ると強烈な悪臭を発する。

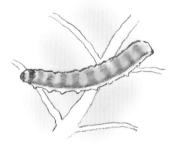

オオタバコガ（幼虫）
トマト、きゅうり、レタス、いちごなどいろいろな野菜の葉に卵を産みつける。細かい毛が生えている。毒はないが不快。

ムカデ
土中にいる。かまれるととても痛い。

ヤスデ
土中にいる。弱い毒がある。踏みつけると悪臭がする。

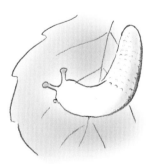

ナメクジ
じめじめした日陰があると発生する。

気にしないでいい虫、保育室につれていくといい虫

6章 トラブル解消…畑で見られるいろいろな虫など

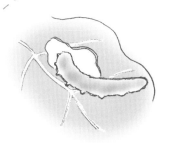

アオムシ
モンシロチョウの幼虫。見つけたら保育室で飼育しよう。

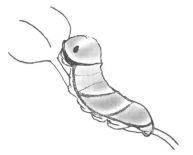

アゲハチョウ（幼虫）
幼虫がにんじんの葉につく。見つけたら保育室で飼育しよう。

ハモグリバエ
5月に入るころ、エンドウの葉に幼虫が発生し、葉の内部を食べ進む。その跡が絵のようなので別名「エカキムシ」。

ミミズ
土の中の有機物を食べて細かくするので、畑にはいていい。

ダンゴムシ
腐葉土が多く、日陰がある場所に多く発生する。保育室で飼育しよう。

ハチの仲間
トマト、ナスなどの花に来る。刺激しないよう気をつける。

作物がまったく採れなくなるほどの影響を与える虫は、畑に来てほしくありません。かといって、農薬を散布するのは園の畑として躊躇してしまいます。そこで、できるだけ薬に頼らない防虫方法を次でご紹介します。

107

防虫・防鳥方法

楽しく野菜作りを始めても、その楽しみをそぐ"大敵"がいます。それが虫や鳥です。自然の姿として子どもたちに見せることも食育の一環ですが、全く収穫ができないのもおもしろくないので、できるだけ防虫、防鳥をしましょう。

竹酢液・ニームなどを使って忌避剤を作る

果菜類、葉菜類など種類にかかわらず、栽培中は毎週散布してほしいのが竹酢液やニームの木の葉と実の抽出液を使った「忌避剤」です。これは、においなどを虫が嫌って作物に来ないようにするものです。殺虫剤ではないのでアブラムシなど発生した後に根絶させるような力はありません。しかし、毎週定期的に散布していれば虫の被害をかなり抑えることができます。独特のにおいなので、風上からかけるようにします。

忌避剤の作り方

竹酢液か酢1：焼酎5を混ぜ、ペットボトルなどに入れる。2ℓにつきトウガラシ5本とにんにくをひとかけ程度入れてもよい。

100〜200倍に薄めて霧吹きで散布する。

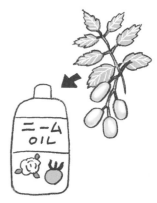

ニームという木の葉の抽出液も忌避剤として有効。使用方法の通りに薄めて散布する。

キラキラ光るテープを使う

アブラムシやアザミウマは光を嫌います。そこで、キラキラ光る防虫用のテープを支柱に結びつけて虫の飛来を回避します。

紙の筒を使う

キャベツなどを植えつけるとき、ペーパータオルの芯などの紙の芯を5cmほど切ったものの中に苗を入れて植えつけます。地中にいるヨトウムシなどの害虫を防ぐことができます。

とにかく観察！

葉菜類は特に蝶や蛾の仲間の幼虫がつきやすいので、毎日のように観察すること。卵を産みつけられていたら、その部分は切除して燃やすなどして処分します。幼虫を見つけたら、割りばしなどでつまんで処分するか、保育室で飼育しましょう。

防鳥方法

とうもろこし、キャベツ、いちごなどの作物、あるいは植えたばかりの苗や発芽したばかりの豆類などを鳥が食べたり抜いたりしてしまうことがあります。鳥よけのネットやテグスを張って、鳥がいやがるような対策をとりましょう。特に早春は食べるものが少ないので、畑の作物が狙われやすくなります。また、カラスはあそびとして植わっている作物をつついたり抜いたりすることがあります。

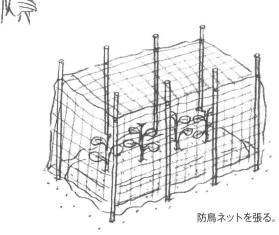

防鳥ネットを張る。

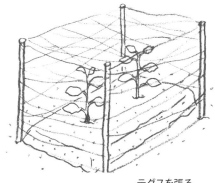

テグスを張る。

6章 トラブル解消…防虫・防鳥方法

病気にかかりにくい栽培方法

　虫や鳥とともに、野菜作りの敵となるのが病気です。作物が病気にかからないようにするためには何点か気をつけることがあります。

〈 マルチをする 〉

　41ページでも説明したように、マルチをすることにはいろいろな効能がありますが、雨が降っても泥が跳ねあがらないのも大きな利点です。泥が跳ねることで土の中の病原菌が作物に移動して病気になることが多いからです。

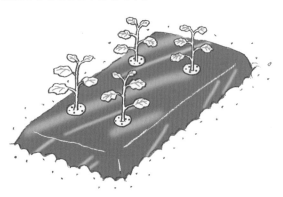

〈 株間を充分にとる 〉

　畑の面積が限られていると、「もう一株、もう一株」と詰めて植えたくなりますが、株間が詰まると風通しが悪くなり、病気にかかりやすくなります。本書で紹介している株間を最低限として栽培してください。

〈 接ぎ木苗を使う 〉

　なす、トマト、きゅうり、小玉すいかについては接ぎ木苗を購入しましょう。現在一般的に普及している品種は病気に弱いので、病気に強い台木に接いであるものがほとんどです。
　接いでいないものは"実生苗"といいます。きゅうりなどでこだわりの品種のものに実生苗のものがあります。これは実生苗の方が、食味がいいからです。こうした品種を作るときはいっそう病気にかからないように気をつけましょう。

6章 トラブル解消…病気にかかりにくい栽培方法

いい苗を選ぶ

"苗半作"といわれるほど、苗が丈夫かどうかはその後の生長に影響します。苗を選ぶときには、全体的にがっちりとして、節間が間延びしていないものを選びましょう。作物によっては、かかりやすい病気に抵抗力のある品種がある場合がありますので、そうしたものを選ぶのもよいでしょう。"○○抵抗苗"などの表示があるものです。

適期を守る

36ページで紹介した適期を守りましょう。ほとんどの作物は適期を守れば大きな失敗はありません。失敗しがちなのは、苗が売り出されたばかりの早い時期にあわてて購入して植えつけ、うまく育たないケースです。果菜類を植えつける季節は、まだ揺り戻しの寒さがありうる時季ですので、あせらず充分暖かくなってから植えつけるようにしましょう。逆に秋冬ものは1週間の遅れがのちのち1か月の遅れになります。

土中の微生物を増やす

野菜がかかる病気のほとんどは細菌が原因です。そして細菌の多くは土中にいます。この病原菌を根絶することはなかなかできませんので、多様な微生物を増やし、相対的に病原菌が少なくなるようにします。そのためにも腐葉土などの有機物を入れたり、1年に一度のメンテナンスで米ぬかを振ったりして、微生物が増えるようにすることが重要です。

111

執筆・編集協力	
（2〜4章、6章）	青木美加子
料理考案	林みずき
料理制作	神みよこ
写真	黒部徹　PIXTA
モデル	田中優翔　星野史華（キャストネット）
取材	斎藤真理子　田上幸代
表紙イラスト	セキ・ウサコ
本文イラスト	高橋てつこ　中小路ムツヨ　すみもとななみ
装丁・本文デザイン	納富進　納富恵子（スタジオトラミーケ）
	秋葉敦子

栽培活動からクッキング保育まで
子どもと楽しむ はじめての栽培

2015年8月1日　初版発行

発行人	竹井亮
編集人	上原敬二
編集担当	橘田眞　飯島玉江
発行・販売	株式会社メイト　http://www.meito.jp
	〒114-0023　東京都北区滝野川7-46-1
	電話　03-5974-1700（代）
製版・印刷	図書印刷株式会社

ISBN978-4-89622-351-4
©MEITO2015　Printed in Japan
本書の無断転載は禁じられています。